HET LICHAAM VAN VERANDERING

GEBRUIK JE LICHAAM OM JEZELF TE GENEZEN, LIEF TE HEBBEN EN KRACHT TE GEVEN

DR. LISA COONEY

"Het kan een droom zijn die te ver reikt in mijn leven, maar we hebben allemaal grote doelen nodig of, echt, wat is anders het punt? Iedereen moet streven om geen gewoon leven te leiden."

— ANNE MCKEVITT

Of zoals mijn vader me vertelde: go BIG or go home!

Dit boek is voor het lichaam. Het onzelfzuchtige wezen dat ons vergezelt tot onze laatste adem. Voor alle lichamen die we negeren en voor alle lichamen die we vergeten. Mogen de woorden van de pagina springen en jou en je lichaam herstellen als de geweldige samenwerking die het is, en de vergeten geschenken herinnerd worden.

Dr. Lisa heeft een ongelooflijk talent. Ze ontmoet je waar je emotioneel en energetisch bent. Na onze eerste ontmoeting viel een deel van mijn wereld uit elkaar. Het was onderdeel van het proces van heroriëntering en beweging naar een beter zelf. Ze helpt me met tools te vinden om om te gaan met dingen die opkomen en diepgeworteld zijn. Ik heb alle tools nodig die ik kan krijgen. Zij is een handelaar in deze dingen. Ik ben dankbaar om haar als bondgenoot te hebben voor dingen die uitgelegd kunnen worden en sommige die niet kunnen.

— ZAC BROWN, OPRICHTER EN CEO VAN
ZAC BROWN BAND

Na één cathartische sessie met Dr. Lisa Cooney merkte ik zo'n opmerkelijke verschuiving in hoe ik me in mijn lichaam voelde. Ik hoop dat dit boek veel meer mensen helpt die zich misschien losgekoppeld voelen, hun weg terug naar zichzelf te vinden.

— GWYNETH PALTROW, OPRICHTER EN
CEO VAN GOOP

PART I
HET LICHAAM VAN VERANDERING

Ik herinner me de eerste keer dat ik over Dr. Lisa Cooney las in een GOOP-nieuwsbrief. Gwyneth Paltrow had onlangs een ZOOM-sessie gedaan met Dr. Cooney op aanraden van een vriend. Ik was sceptisch en vroeg me af hoe dit via internet zou kunnen werken. Het was niet dat ik diepe fundamentele overtuigingen had over dit alles, maar persoonlijk aanwezig zijn voelde intuïtief alsof het een deel van het proces moest zijn. Gwyneth was het daarmee eens en ging erin met gematigd scepticisme, om vervolgens een transformerende ervaring te beschrijven. Ik dacht wekenlang na over haar ervaring.

Kort daarna werd bij mijn hond longkanker vastgesteld en kreeg ze nog maar één tot drie maanden te leven. Ik had deze hond opgevoed sinds ze acht weken oud was en grapte altijd dat ze de hondversie van mij was, als de dochter die ik nooit had gehad. Artsen dachten niet dat chemotherapie zou werken gezien de vergevorderde ziekte, maar zeiden dat we het toch konden proberen. Impulsief nam ik ook contact op met Dr. Cooney om me door mijn verdriet heen te helpen. Tijdens ons gesprek vroeg ze mijn man en mij om bij onze hond te zitten. Ze keek ons aan en ik zal nooit vergeten wat ze zei: "je bent nog niet klaar om te gaan, toch?" We vervolgden de sessie waarin ik me nauwelijks herinner wat ze zei; ze was aan het chanten en sprak zo snel. Het is nu twee jaar geleden, en mijn hond bloeit. Artsen kunnen niet verklaren hoe haar kanker feitelijk is verdwenen. Ze zeggen dat ze nog nooit zoiets hebben gezien bij hun patiënten.

Recentelijk was mijn moeder ernstig ziek en lag ze aan een beademingsapparaat op de IC. Artsen bereidden ons voor op levensondersteuning, omdat ze snel achteruit ging. Ik dacht dat ik misschien nooit meer met mijn moeder zou spreken, dus nam ik opnieuw contact op met Dr. Cooney. Ze gaf me instructies over hoe ik aanwezig kon zijn in het ziekenhuis en deed opnieuw haar genezing op afstand. De volgende dag stopte mijn moeder met achteruitgaan en begon ze te verbeteren. Ik ga volgende week mijn moeder bezoeken voor haar verjaardag. We spraken gister-avond aan de telefoon en ze lachte om mijn kinderen.

In elk geval waren artsen verbaasd over het wonderbaarlijke herstel. Ik ben sceptisch over dingen die niet logisch kunnen worden verklaard en concepten die ik niet volledig begrijp. Maar als mens levend in dit prachtige, uitgestrekte universum, geloof ik met mijn hart dat sommige dingen in het leven gewoon niet kunnen worden verklaard; dat we niet alles begrijpen. Waren dit toevalligheden? Ik zal het nooit weten. Ik zal nooit volledig begrijpen hoe de vaardigheden van Dr. Cooney werken, maar ik ben onder de indruk van wat ik heb gezien en de diepe impact die het heeft gehad op mijn leven. Dank je.

Laura Lane, auteur en journalist

REIS NAAR MOGELIJKHEDEN

"Richt je aandacht niet elders in je zoektocht naar de waarheid, want die is nergens anders te vinden dan in je lichaam."

— *ECKHART TOLLE*

Ik voelde me niet goed. Ik ging naar de computer, sloot mijn ogen en zei: "Lichaam, praat met me." Het volgende wat ik wist, was dat ik mijn ogen opendeed, tranen over mijn wangen rolden en ik naar de woorden "Je maakt me kapot" op het scherm staarde.

Die dag veranderde het spel - *mijn* spel. Het was het begin van een andere relatie met mijn lichaam, die niet alleen mijn lichaam fysiek veranderde, maar ook mijn leven zoals ik het kende. Niet dat het gemakkelijk was. Persoonlijk werk is dat nooit. Maar het moeilijkste was het veranderen van mijn relaties - *met alles.*

Het begon met de beslissing om uit te zoeken wat mij "kapot maakte", welk deel van mezelf en waarom. Ik begon alle tools en technieken te gebruiken die ik als psychotherapeut, gecertificeerde Theta Healer™, gecertificeerde Access Consciousness® facilitator en anderen die ik gedurende mijn carrière had verworven, tot mijn beschikking had. Uiteindelijk ontdekte ik dat ik een gave had voor diep transformerende processen en ontwikkelde ik tools voor ontdekking en verandering, genaamd de ROAR techniek®. Een **R**adically **O**rgasmically **A**live **R**eality is kiezen voor mogelijkheden boven problemen, één actie of geloof per keer.

Als resultaat van dit werk is mijn leven vandaag een volledig ander leven dan ik ooit dacht dat ik zou kunnen, of zou willen, creëren. Het emotionele gewicht vermomd als extra fysiek gewicht - vijftig extra pond - dat ik met me meedroeg, smolt gewoon weg en verdween toen ik ervoor koos om te veranderen. In een cultuur die zich richt op de ene rage na de andere, is het een openbaring dat het loslaten van beperkingen en zelftwijfels vaak veel sneller kan bijdragen aan het veranderen van het lichaam zoals je het zou willen hebben. En naarmate mijn lichaam veranderde, veranderde ik van binnenuit. Langdurige problemen begonnen op te lossen en te verdwijnen.

Wanneer je je problemen vanuit het perspectief van lichaamswijsheid onderzoekt, opent zich een hele nieuwe wereld van conversatie en biedt het nieuwe manieren om vooruit te komen naar alles wat je verlangt. Dit is de premisse van het hele boek: hoe verbinden met jezelf via je lichaam toegang kan geven tot je hoogste doel en beste leven.

Het doel van dit boek is om je te helpen de voordelen te ontdekken van 1) vrienden worden met en luisteren naar je lichaam en 2) leren kiezen vanuit je lichaam door je geest in samenwerking ermee te laten onderzoeken. Want wanneer je van binnenuit verandert, zal je buitenkant ook veranderen om in overeenstemming te zijn met je verlangens. Hoe meer je dit ervaart, hoe meer je begrijpt hoe gebrek aan bewustzijn, fysiologische *on-gemakken* en *dis-harmonie* binnen je lichaam en je leven als geheel creëert. Deze staat van zijn verhindert het besef dat het ware doel van je lichaam als organisme is om energetische verandering te sturen, niet alleen in jou, maar ook in anderen. Het is meer dan het feit dat wat je tegen jezelf zegt, is wat je aan de wereld laat zien als een lichaam. Dat is natuurlijk waar. Maar mijn bedoeling hier is om iets anders te bespreken over lichamen en hun potentieel als zowel genezer als empathisch wezen.

In mijn werk met cliënten over de hele wereld heb ik erkend dat aanwezig zijn in mijn lichaam mensen op diepgaande manieren beïnvloedt. Het kan een impact hebben die de meesten van ons geen taal hebben om te beschrijven. We leren thuis of op school niet dat er een universeel bewustzijn is dat we kunnen aanboren en dat ons in staat stelt ons lichaam te gebruiken om ons wezen te informeren. Dit is *aanwezigheid* - de staat van eenheid. En in deze staat zijn onze lichamen tot veel meer in staat dan we weten.

HOOFDSTUK 1: JE ZIELAFDRUK –
JE UNIEKE SPIRITUELE
HANDTEKENING

---

*Het beginnen aan het ontwaken van je zielafdruk is
het pad naar heelheid, liefde en vreugde, in onszelf en
met een ander.*

— *PSARIS & LYONS*

Mijn oma was de belichaming van onvoorwaardelijke liefde en de enige reddende genade in mijn jeugd. Ze was twee meter twee, katholiek, Italiaans en een echte krachtpatser. Zelf had ze zoveel ontberingen en pijn meegemaakt. Ze was de jongste van dertien kinderen en had buiten het gymnasium geen opleiding gehad. Haar eigen vader was een extreem gewelddadige man die uiteindelijk haar moeder vermoordde. Ze noemde hem "de Gestapo". Maar ondanks haar verhaal gaf ze zoveel. Terugkijkend leerde ze me dat wat iemand ook heeft meegemaakt, ze nog steeds de belichaming van onvoorwaardelijke liefde kunnen zijn. Ze was mijn grootste leermeester.

Omdat ik in mijn kindertijd veel seksueel, emotioneel en lichamelijk misbruik had meegemaakt, was zij de enige persoon bij wie ik me op mijn gemak voelde om lichamelijk contact mee te hebben. Toen ze stierf, liet ze een erfenis na. Mijn grootmoeder beïnvloedde mijn beslissing om dingen op een andere manier te doen: om er zo goed mogelijk voor te kiezen om aardig te zijn en bij te dragen, ongeacht wat er in mijn wereld gebeurt. Er moet misschien kracht of vastberadenheid zijn in die vriendelijkheid, maar het is een ruimte van liefde vanwege wat ze me heeft geleerd. *Leid met je hart.* Dit leidde me naar het lichaam.

En er was iets anders dat mijn grootmoeder me leerde dat verder ging dan onvoorwaardelijk liefhebben—ze leerde me over mijn ziel.

We zaten in de mis, een van mijn favoriete plekken om met haar te zijn. Ze kende en sprak elk woord hardop, en op die ene dag hoorde ik haar zeggen: "De ziel en ik zullen genezen."

Ik bevroor, mijn hart bonsde, en op dat moment wist ik dat mijn werk iets te maken zou hebben met de geest of de ziel. Ik voelde het met elke vezel van mijn wezen... omdat mijn lichaam tot me sprak, en ik en mijn lichaam ontwaakten!

JE ZIELAFDRUK

Je zielafdruk is je spirituele handtekening. Het is de contour en inhoud van je ziel—het karakter ervan.

Het is meer specifiek voor jou, en jou alleen, dan het handschrift van je naam gekrabbeld op een cheque of een brief.

Het is zelfs unieker voor jou dan je genen en chromosomen.

— M. GAFNI

Als mens heb je een zielafdruk, een goddelijke geest die je altijd roept naar een hoger pad van vervulling. Het maakt niet uit hoe ver je van dit pad afdwaalt, of hoe ziek of losgekoppeld je wordt. Je zielafdruk zal je altijd terugroepen, en het gebruikt je lichaam om dit te doen. Zelfs al had vroeg misbruik me ertoe gebracht om af te sluiten en me terug te trekken om mezelf te beschermen gedurende het grootste deel van mijn jeugd, er was altijd een andere kant van mij die sluimerde. Tijdens verschillende momenten in mijn genezingsreis, zou het tevoorschijn komen alsof het me eraan herinnerde dat het geduldig wachtte op mijn bewustzijn.

Veel mensen met wie ik werk en die misbruik hebben overwonnen, zijn vaak in staat om vanuit hun plaats van genezing te erkennen dat ze zich altijd bewust waren van een deel van hen dat niet tot uitdrukking kwam, een andere kant die ze op de een of andere manier altijd als hun waarheid kenden. In mijn leven vandaag, opereer ik consequenter vanuit deze plaats. Je hebt misschien iets soortgelijks ervaren — momenten van bewustzijn waar je alles ziet voor wat het is, voorbij je huidige realiteit.

Dit aspect van jezelf — je zielafdruk — is geheel uniek voor jou. Het is jouw eigen handtekening. En het is jouw taak, je *enige* taak, om het zijn stempel te laten drukken. Je doet dit door je beperkte denken over jezelf te verruimen, wat dan dient om je spirituele handtekening in de wereld te verlichten. Als je het toelaat, zal je lichaam je hierbij helpen.

ZIELPSYCHOLOGIE

"Er is niets in psychotherapie dat begint met het basis,
perfecte patroon van de mens... Dit patroon is er..."

— RAYMOND CHARLES BARKER

Als erkend psycholoog is het mijn ervaring dat de traditionele psychologie niet de tools heeft om individuen te helpen het zielzelf te vinden waarnaar ze op zoek zijn. Voor mij in ieder geval niet. We zijn allemaal op zoek naar het gevoel van heelheid, of we nu alleen zijn of met een ander mens. Maar wat is dit ogenschijnlijk ongrijpbare gevoel? Je kunt het op vele manieren beschrijven: energie, verbinding, warmte, openheid, expansie, vitaliteit. Ik noem het *radicale levendigheid.*

Wanneer je het contact met je ware aard verliest en gevangen raakt in starre rollen, gedragingen en denkpatronen, lijd je. Je vervreemdt jezelf van je ware en authentieke plaats. Gelukkig kun je door persoonlijke verandering en transformatie jezelf bevrijden van de nauwe en beperkende aspecten van je opvoeding en vroege conditionering. Elke nuance, gebeurtenis, beeld en incident in je leven is een bron van vitale psychologische en spirituele informatie, en deze informatie is toegankelijk voor jou, omdat het in je lichaam is opgeslagen. Zodra je je afstemt op dit zielaspect, zal het je precies de begeleiding geven die je nodig hebt voor de evolutie van je ziel en om radicaal levend te zijn.

RADICAAL LEVEND ZIJN

Ik denk dat we eigenlijk op zoek zijn naar een ervaring van leven, zodat onze levenservaringen op het puur fysieke vlak weerklank hebben in ons diepste wezen en onze realiteit, zodat we werkelijk de verrukking van het leven kunnen voelen.

— JOSEPH CAMPBELL

De kans om radicaal levend te zijn zit in ieder van ons. In de loop der jaren heb ik tools en technieken gebruikt en ontwikkeld om mensen te helpen precies dat te doen. Ik noem het leven in je ROAR®—je Radically, Orgasmically Alive Reality. Om daar te komen, zul je waarschijnlijk een paar kilo moeten verliezen. Als je op mij lijkt, kan dat heel letterlijk zijn, maar ik bedoel vooral mentaal en emotioneel bagage. Hoe dan ook, het betekent dat je opnieuw contact maakt met je ziel door de aangeboren wijsheid van je lichaam.

Hoe doe je dit? Je begint met het aanboren van de helende kracht binnenin je. Voor de goddelijke muziek van het leven om door je heen gespeeld te worden, moet het ego een stap terug doen. Al die vaste ideeën en overtuigingen die je sinds je conceptie hebt verzameld, moeten weg zodat je energie zich kan afstemmen op een hoger bewustzijn.

Klinkt dit als een onmogelijke doelstelling? Dat komt omdat het eigenlijk helemaal geen doel is. Het is een *proces* dat volgens mijn ervaring neerkomt op een eenvoudig concept: jezelf van binnenuit liefhebben en een goede vriend voor jezelf zijn omdat je verlangt naar iets anders te zijn.

HET GEHEIM ZIT IN DE INTELLIGENTIE VAN JE LICHAAM

Zie je, zolang we vanbinnen hetzelfde blijven, op het niveau van onze gedachten, overtuigingen, patronen en emoties, hebben we simpelweg geen transformatie in de diepere zin bereikt. Om gezond te worden en te blijven, ja, we moeten bewegen en goed eten. Maar we moeten ook vaak aan onszelf werken 'voorbij het lichaam' – onze beperkende overtuigingen over ons lichaam en leven onderzoeken. We moeten onze mindset veranderen en emotionele bulten en kneuzingen helen...

— BILL PHILLIPS

Zoals het kleine kind wiens lichaam die dag met haar grootmoeder tot haar sprak, zal jouw lichaam ook tot jou spreken. Het zal je dingen vertellen die je je op dit moment niet kunt voorstellen over hoe je moet genezen, hoe je moet liefhebben, hoe je moet leven, hoe je moet zijn, omdat je lichaam verbonden is met de intelligentie van het universum. De vraag wordt dan, hoe zijn onze levens zo ontspoord, ingewikkeld en moeilijk geworden? En nog belangrijker, wat kun je doen om dat te veranderen zodat je de oplossingen, liefde en ondersteuning die je lichaam voor je heeft, kunt horen?

Het begrijpen van de antwoorden op deze vragen en het werken met deze informatie zal een diepgaand effect hebben op je leven door letterlijk elke relatie die je hebt te transformeren — met geld en werk, met gezondheid en welzijn, met geliefden en minder geliefden en, bovenal, met jezelf en de wereld. Wat de uitdagingen en problemen ook zijn die je hebt, ik beloof je dat het de moeite waard zal zijn om ze onder ogen te zien. Je zult misschien zelfs ontdekken, net als ik, dat "je rommel je boodschap is," en dat je doel nauw verbonden is met je reis naar heelheid.

Stel jezelf deze vragen:

Wat is de boodschap in je "rommel" op dit moment?

Lichaam, laat me zien wat ik nu moet doen om dit te veranderen?

Oefen met het gebruiken van deze zin als begin: "Ik weet niet hoe... ik weet alleen dat het zal gebeuren. Dank je. Het is gedaan!"

HOOFDSTUK 2: WAT HOUDT JE TEGEN?

Wat is jouw lichaamsverhaal?
Wanneer heb je het gecreëerd?
Ben je gelukkig met dat verhaal?
Heeft het een einde en een nieuw begin nodig?
Of een nieuw hoofdstuk?: Of een compleet nieuw boek?
Wat houdt je tegen om een leven te creëren waar je van houdt? Wat houdt je vast?

In één woord: jezelf. Het is jij die je ware talenten, gaven, behoeften en verlangens blokkeert, of je je daar nu bewust van bent of niet. Uit mijn werk met mensen in workshops en een-op-een heb ik ontdekt dat wat je vaak tegenhoudt, een soort van weigering is:

1. Een weigering om voor jezelf te kiezen,
   gewoon omdat je dat kunt.
2. Een weigering om zelfliefde te beoefenen.
3. Een weigering om te accepteren dat je alle
   goede dingen verdient—niet een paar, niet een
   beetje, maar alles.
4. Een weigering om te accepteren dat je kunt
   kiezen wat je wilt, en dat je op niets hoeft te
   wachten, zelfs niet op geld.
5. Een weigering om te kiezen wat je wilt, ervoor
   te gaan en dat actief te creëren.

Iedereen zoekt altijd naar de magische pil: *Als ik dit doe... Als ik dit krijg... dan kan ik.* Maar zo werkt het eigenlijk niet. Het is meer zo: *Ik wil dit. Ik verlang dit. Dit gaat me gelukkig maken. Hoe creëer ik dat?*

Wat is het dat je verhindert om de dingen te creëren en te accepteren die je gelukkig zouden maken? En waarom zou je ooit weigeren wat je echt wilt? Op een bewust niveau zou je dat natuurlijk niet doen. Maar op een onbewust niveau? Oh, ja.

AFLEIDINGEN, BARRIÈRES EN AFLEIDERS VOOR JE GAVEN EN CREATIVITEIT

Het enige dat ons ooit stopt van zijn, doen en hebben wat we verlangen, zijn onze onbewuste overtuigingen

– fundamentele of kern overtuigingen die grotendeels in de kindertijd zijn gevormd via ouders, voorouders, de cultuur in het algemeen, of simpelweg door interacties en ervaringen met de wereld om ons heen en die nu op de automatische piloot werken. Destijds leken ze logisch voor ons. Ze vertelden ons hoe de wereld werkt. Ze hielden ons veilig. Ze vertelden ons wie we zijn – of wie we niet zijn – erin. Het waren de spelregels die ons in staat stelden te functioneren of te overleven in de omgeving waarin we ons bevonden. Vandaag de dag leven ze echter in de schaduwrijke ondergrond van ons onderbewuste, doordringen ze elk aspect van ons wezen en ons leven, en blijven ze voor ons onzichtbaar, behalve door de resultaten die ze produceren.

De mensen die in mijn praktijk of in mijn workshops verschijnen, zijn vaak op zijn best verbijsterd over waarom hun leven niet werkt zoals ze het zich hadden voorgesteld. Waarom kunnen ze geen vreugdevolle relaties creëren, boeiende en productieve carrières, of financiële overvloed? Waarom kunnen ze niet gelukkig zijn? Het komt omdat hun onbewuste overtuigingen de show in de achtergrond runnen, hoe verouderd en achterhaald ze ook mogen zijn. Helaas verdwijnen ze niet zomaar omdat ze niet langer nuttig zijn.

Dit is waarom we moeite hebben om dingen te veranderen, omdat we tegen deze verborgen overtuigingen aanlopen, overtuigingen die alleen kunnen worden waargenomen door onze gedragingen, emoties en acties, of in de situaties of omstandigheden die in ons leven verschijnen. Mensen lijden, ze creëren niet, en ze raken verstrikt in dingen die ze eigenlijk niet nodig hebben. Deze overtuigingen produceren je beperkingen, soms beperkingen waarvan je niet eens weet dat je erin leeft. Net als drijfzand, zullen ze je neerhalen en daar houden.

Ik heb ontdekt dat veel van de kern overtuigingen waar mensen mee worstelen universeel van aard zijn en in één richting wijzen: naar zelfhaat op een bepaald niveau.

ZELFHAAT

De enige zonde is zelfhaat.

— *PAUL WILLIAMS*, DAS ENERGI

Zelfhaat heeft vele gezichten: *Ik ben slecht. Ik ben verkeerd. Ik ben niet geliefd. Ik ben niet belangrijk. Ik doe er niet toe.* Het komt naar voren in talloze vormen en werkt als zelf-sabotage. Natuurlijk weten we niet dat het zelf-sabotage is. Het ziet er altijd uit als iets anders:

1. Uitstelgedrag
2. Vergelijking met anderen
3. Woede
4. Slachtofferschap
5. Projectie/Beschuldigen
6. Klagen/Kritiek
7. Excuses
8. Angst
9. Zorgen/Angst

Zelfhaat beïnvloedt wat ik "de drie grote dingen" noem: gezondheid, financiën en relaties. Dit zijn de gebieden waar de meeste mensen op een bepaald moment hulp bij nodig hebben, en de top drie redenen waarom de meeste cliënten in therapie komen. Tegen de tijd dat ze aankomen, zijn hun problemen meestal in volle gang: slechte gezondheid, verlammende schulden die stress en angst toevoegen, toxische relaties. Dit zijn allemaal vormen van zelfbestraffing.

Helaas realiseren mensen zich vaak niet dat er eerdere signalen van onbewuste overtuigingen in het spel zijn, zoals de hierboven genoemde, deels omdat ze zo gewoon en "geaccepteerd" zijn.

OORDEEL

In het hart van haat, gericht op jezelf of anderen, zit "oordelen" — een besluit over wat slecht is (en daardoor ook goed). Wanneer je iets oordeelt, opereer je in wezen met een vaststaand standpunt... en elk vaststaand standpunt beheerst jou. Het vernauwt je perspectief en, wanneer je perspectief verliest, verlies je kracht. Je gedraagt je anders dan je eigenlijk zou willen en dan voel je je er slecht over, wat alleen maar leidt tot meer oordeel.

Als je goed kijkt naar de aard van oordelen, zie je dat het een amalgaam is van het verleden en de mensen binnen dat verleden. Het kan bevrijdend zijn om te weten dat de meeste oordelende gedachten die je hebt, eigenlijk niet van jou afkomstig zijn. Ze zijn doorgegeven en overgedragen sinds mensenheugenis. In die zin behoren ze niet aan jou toe. Toch, hoe meer je oordelen toestaat je te voeden en je vast te houden in die beperkte realiteit — als een opgesloten dier — hoe meer je misbruik en de ziekte van oordelen in je lichaam, in je geest en op deze aarde houdt.

Wanneer mensen dingen tegen je zeggen, maak je, of je het nu weet of niet, een van die onbewuste overtuigingen over jezelf. En elke keer dat iets lijkt, ruikt of smaakt als iets soortgelijks, komt die onbewuste overtuiging in je op, binnen je "kooi", en zegt: "Oh ja, dat!"

Nog een tralie wordt gezet, of versterkt, in de kooi. En zo verdedig je je hele leven tegen het kunnen verbinden met je aangeboren mooie energie. Je denkt dat er iets mis met je is. Het gebeurt allemaal in een split second, buiten je bewuste bewustzijn, en het enige dat je weet, is dat, wanneer je spiritueel energiewerk doet, je niet zoveel kunt verbinden als je weet dat je kunt vanwege de onbewuste overtuigingen.

Voorbij oordeel gaan omvat ook het oordeel over jezelf en anderen — omdat wat je ook in anderen oordeelt, simpelweg een weerspiegeling is van wat je in jezelf oordeelt.

DE KOOI

In de Duitse filosofische woordenschat vind je de woorden eigentlich (waar, echt) en uneigentlich, het tegenovergestelde van het ware leven waarvoor je bedoeld bent. Er zijn veel mensen die een uneigentliches Leben (onecht leven) leiden. Het is het moeilijkste om uit deze zelfgeconstrueerde kooien te stappen.

— NINA GEORGE

Een kooi is een nuttige metafoor om de onzichtbare structuur en zelfopsluiting te beschrijven die mensen in hun beperkte realiteit inkapselt. Ik herinner me dat ik ooit met een krachtige genezer werkte die zei: "Oh mijn God, de interne structuren van je lichaam – het is alsof je staal om je heupen hebt en je botten vol gietijzer zitten." Dit is de kooi: geïnternaliseerde ideeën en overtuigingen over jezelf en het leven die na verloop van tijd verharden en temperen, onzichtbare tralies die je vasthouden binnen de grenzen van je vaste standpunt. De kooi verankert je aan bepaalde realiteiten die je ervaart als, "Dit is het. Het is wat het is," in plaats van je leven te ervaren als eindeloze creatie en mogelijkheden, wat je ware aard en spirituele handtekening is.

DE VIER D'S: ONTKENNING, VERDEDIGEN, ONTKOPPELEN, DISSOCIËREN

De vier zijn copingstrategieën die ik heb ontdekt dat de meeste mensen gebruiken om hun realiteit te onderhandelen, maar die in feite de kooi versterken en alles op zijn plaats vergrendelen.

Laten we elk van deze eens bekijken.

Ontkennen: Het weigeren om het bestaan van iets te erkennen.

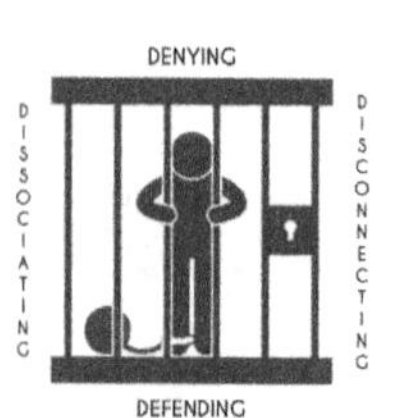

Ontkenning is niet per se een slechte zaak. Zoals ik mensen in mijn workshops vertel, het is oké. We kunnen lachen. Lachen is een waardevolle bron in dit diep persoonlijke werk omdat we het over zware onderwerpen hebben. Laten we eerlijk zijn, wanneer je een trauma ervaart of wordt misbruikt, maakt een bepaald niveau van ontkenning het gemakkelijker om er doorheen te komen. Echter, onuitgesproken ontkenning zal je rechtstreeks naar je onbewuste overtuigingen leiden. Dit is hoe mensen als volwassenen eindigen in een of meer van de volgende situaties: ongelukkige huwelijken, schuldsituaties, niet succesvolle bedrijven, zieke lichamen, nachtmerries door het niet willen omgaan met hun trauma's, en het blijft maar doorgaan. Onuitgesproken ontkenning is vaak de eerste ingang naar de kooi.

Stel je voor dat iemand het uitmaakt met jou. Je voelt het in je hart of ergens in je lichaam en zegt onmiddellijk tegen jezelf: "Oké, ik moet sterk zijn." Dat is ontkenning. Je zet de rem erop. Maar daar eindigt het niet. Je doet het keer op keer en bouwt lagen op, wat ik "lichaamsbewapening" noem. Alles wat we doen in mijn Roar®-workshops is ontworpen om deze lichaamsbewapening los te laten. Stel je voor dat je in een auto rijdt en plotseling op de rem trapt, omdat er een hert de weg op loopt. Zonder dat je het beseft, houd je je adem in. Het hert rent weg en je denkt: Oké...

het hert is oké. Maar je herinnert je niet dat je vergat te ademen. En dat moment blijft bij je, ook al is het voorbij.

Hetzelfde geldt voor je overtuigingssystemen waar je geen aandacht aan besteedt, omdat je zo sterk bent en door moet gaan. Dat is lichaamsbewapening. Soms, als ik iemand vraag om te ademen, worden ze duizelig. Het voelt moeilijk. Ze kunnen zelfs beginnen te stikken. Veel van ons willen niet in onze buik ademen, omdat daar onze emoties zitten – of in onze borst omdat daar ons gebroken hart zit. Het wordt een manier om door het leven te gaan.

Er zit een dubbelzinnige kwaliteit in elk van de vier D's. In het geval van ontkenning, ontken je ook het zijn in de grootsheid van je gaven, talenten, vaardigheden en capaciteiten, want als je iets ontkent dat gebeurt, ontken je dan niet ook iets over jezelf? Waar ligt de grens? Dit is hoe we beginnen de kooi te ontwikkelen. Om bewustwording te brengen en het proces van verandering te starten, kan het zo eenvoudig zijn als jezelf een paar vragen stellen:

1. *Wat ontken ik hier?*
2. *Hoe ontken ik?*
3. *Wat ontken ik graag?*
4. *ONTKENNING - Onbewust Negeren Ter Controle*

van Eigen Neiging en Negatieve Indrukken
Neerleggen In Nieuwe Grond

5. *Welke positieve les leer je van deze ontkenning?*
6. *Schrijf tien dingen op waarvan je weet dat je ze*
   ontkent
7. *Schrijf tien dingen op waarvan je niet wilt weten*
   dat je ze weet

Houd er rekening mee dat, wanneer je begint met het in vraag stellen van deze verdedigingsmechanismen, je je ongemakkelijk kunt voelen. Het is alsof je iets benoemt dat nooit eerder benoemd is. Dat is normaal. Vertrouw op het proces.

Verdedigen: Om weerstand te bieden.

Verdedigen is een manier om jezelf te beschermen tegen schade of gevaar. Het is een aangeboren mechanisme. Wederom, het is niet altijd een slechte zaak. Denk er eens over na als iemand boos op je wordt. Je eerste reactie is om jezelf te verdedigen, toch? Maar wanneer alles de schuld van iemand anders is, of je merkt dat je alles verdedigt, of je moet jezelf altijd beschermen tegen iemand die uit de hoek komt om je te doden — dan wordt het een groter probleem. Je leeft voortdurend op je hoede, altijd iets aan het bevechten. Misschien verdedig je je standpunt, oordelen die je over jezelf hebt, een beslissing die je hebt genomen, of iemand in je leven. Of iemand die in je leven is geweest, zoals een ouder of kind. Je zet constant muren of barrières op tegen iemand of iets — mentaal, emotioneel, psychisch of fysiek. Elke keer dat iets lijkt op, ruikt alsof smaakt als iemand die je pijn doet — bijvoorbeeld, omdat je vriendje het op je elfde uitmaakte en je daar nog steeds mee omgaat en het meeneemt in elke breuk — verdedig je jezelf tegen het voelen van de oorspronkelijke pijn, plus elke andere sindsdien.

De keerzijde is dat, terwijl je op deze manier verdedigt, je je ook verdedigt tegen iets goeds dat binnenkomt. Je realiseert het je gewoon niet. Bij de vier D's is er geen lijn in het zand die zegt: "Dit is goed... Dit is slecht. Houd het goede. Blijf weg van het slechte." Het is allemaal door elkaar gehusseld, en je draagt het met je mee. Hier zijn enkele vragen om jezelf te stellen:

1. *Wat verdedig ik?*
2. *Wie verdedig ik?*
3. *Hoe verdedig ik voor of tegen iets?*
4. *Wat is de waarde van verdedigen?*
5. *Wat vind ik leuk aan verdedigen? Het gevecht? Het conflict? De adrenaline?*

Wanneer je iets ontkent of je ergens tegen verdedigt, verlies je je perspectief. Je geeft je kracht weg. Als je je constant machteloos voelt, komt dat waarschijnlijk hierdoor — ook al denk je dat het door de externe situatie komt. Dat is niet zo. De externe realiteit is gewoon het ding dat op je kooi klopt en vraagt: "Ben je klaar om het te veranderen? Ga je je kracht al bezitten? Of wil je liever lijden?"

Ontkoppelen: Zich scheiden of terugtrekken.

Telkens wanneer er iets gebeurt dat je niet leuk vindt, ontkoppel je. Je duwt dingen uit je bewustzijn of distantieert jezelf als een manier om veiligheid of comfort te creëren. Op de een of andere manier scheid je je ervan. Je kunt je ontkoppelen van pijnen of sensaties in je lichaam, van andere mensen, van herinneringen, of van alles of iedereen die je als de oorzaak van het misbruik hebt aangewezen — inclusief je eigen wezen. Of je kunt je ontkoppelen van je dromen, doelen of verlangens.

Ontkoppelen zegt: "Ik wil daar niet mee omgaan," in tegenstelling tot verdedigen of ontkenning. Bij verdedigen reageer je op iemand of iets. Je vecht. Bij ontkenning zeg je: "Nee, dat is niet gebeurd."

1. Vragen om te stellen:
2. Terwijl ik ontkoppel, leer ik mezelf om...?
3. Wat vermijd ik te erkennen als echt?
4. Wie zie ik als iemand anders dan wie ze werkelijk zijn in plaats van te zien wie ze echt zijn?

5. Wat blijf ik uitstellen en opzijschuiven in plaats van ermee te confronteren?

Dissociëren: Zich losmaken, splitsen of loskoppelen van wat je op dat moment ervaart.

[Opmerking: Hoewel dit de meest extreme van de vier D's is, heb ik het hier niet over meervoudige persoonlijkheidsstoornis, dissociatieve identiteitsstoornis of borderline persoonlijkheidsstoornis.]

Als je op dit punt bent gekomen, betekent dit dat je goed geoefend bent in ontkenning en verdediging. Net als de andere D's is het niet per se een slechte zaak. Dit is hoe je tot nu toe hebt overleefd in het leven. Dissociëren betekent dat je een deel van jezelf in het verleden hebt achtergelaten, ongenezen. Een deel van jou zit nog steeds daar, wat je verankerd houdt aan het verleden in plaats van het huidige moment waarin je je bevindt. Het is een strategie die wordt gebruikt als een poging om te ontsnappen aan de intensiteit of ernst van iets. Je kunt dissociëren van je lichaam of van intense vreugde, verdriet, verdriet of woede.

1.Wanneer voel ik mezelf wegglippen in een fantasiewereld waar ik me een toeschouwer in mijn leven voel in plaats van geaard in mezelf?

2. Welke gedragingen zijn bewijs van mijn dissociatie? Verloren raken in betekenisloze televisie voor uren aan een stuk? Verdoven met alcohol of andere middelen?

3. Voel ik me een vreemde in een groep mensen wanneer zij vreugde, geluk, lachen of zelfs verdriet ervaren, en ik voel me alsof ik hen observeer op een filmset?

VRAGEN OM TE STELLEN:

Voor de komende elf dagen, schrijf elke dag één keer op wanneer je begint, doorgaat of stopt met ontkoppelen. Wat leert die actie of dat gedrag je? Welke deugd cultiveer je?

Meestal doorlopen mensen onbewust de vier D's, beginnend met ontkenning: "Oh, dat voelt goed." Voor je het weet, zijn ze in verdedigen en vechten gesprongen, waar een ruzie met een vriend of partner als volgt, zou kunnen verlopen:

"Nee, het gaat om jou."

"Laat me je dit vertellen..."

"Telkens als je dit doet..."

Klinkt dit soort dialoog bekend? Ik zeg mijn cliënten vaak dat ze voorzichtig moeten zijn met wat ze naar buiten brengen. Want zodra je met ontkenning begint, ga je voordat je het weet over naar verdedigen en van daaruit ga je ofwel rechtstreeks naar dissociëren of neem je een zijweg naar ontkoppelen, maar het eindigt altijd in dissociëren. En dan begint het hele proces opnieuw. Je gaat terug naar ontkenning omdat dat veiliger voelt.

Als je de rol van deze copingstrategieën in je leven onderzoekt en de onbewuste overtuigingen die ze aanwakkeren, leer je waar je grenzen liggen, wat je kunt doen en wat gezond is. Je ontdekt dat wat ziekte, gaslighting, ongelukkigheid, angst en depressie creëert, het verlaten van jezelf is door de strategieën van de vier D's — ontkenning, verdedigen, ontkoppelen en dissociëren. En het hele punt van jezelf opsluiten is om niet te bestaan.

OEFENINGEN

1. Vouw een stuk papier dubbel en schrijf de vier D's aan één kant van het papier. Sluit je ogen en reflecteer aan de andere kant van het papier op situaties waarin je elk van de vier D's in je leven hebt vertoond.
2. Maak een lijst van mensen, plaatsen en zelfs dingen die je vermijdt.
3. Voor de mensen, overweeg waarom je afstand neemt van hen. Zien anderen hen op een

aanzienlijk andere manier dan jij? Betrap je jezelf erop dat je hun gedrag goedpraat wanneer anderen zich zorgen maken over hoe ze jou of anderen behandelen?

4. Voor de plaatsen, maak een lijst van elke plaats en beschrijf details over je eerdere ervaringen op die plek. Wat is er op die plek gebeurd? Welke gevoelens roept die plek bij je op? Waarom vermijd je om op die plek te zijn?

5. Voor de dingen, maak een lijst van dingen die je hebt weggestopt of verborgen. Dit kan een voorwerp in huis zijn, een sieraad, een foto. Wat is de eerste herinnering aan dit ding? Wat gebeurde er de eerste keer dat je met dit ding in aanraking kwam? Ben je bang om dit ding weg te doen? Waarom?

6. Voor de komende week, blijf bewust van wanneer je in de vier D's vervalt. Houd een notitieboekje bij je en noteer elke situatie. Waar ben je? Met wie ben je? Wat ben je aan het doen? Wat voel je?

HOOFDSTUK 3: WAT LEVERT HET JE OP

Redeneer voor je beperkingen en, zeker genoeg, ze zijn van jou.

— RICHARD BACH

De kooi, de oordelen, de vier D's — dit zijn allemaal copingmechanismen die ontworpen zijn (hoewel onbewust) om je te verdoven voor de buitenwereld. Maar verdoving is niet selectief. Het dient ook om je te verdoven voor de ervaring van jezelf en wie je werkelijk bent als een geschenk in de wereld.

In de kern is het angst die je verdooft: de angst om gezien te worden, om blootgesteld te worden, de angst om dat idee te creëren waar je van houdt. Je angst drijft je ertoe om te handelen waar je jezelf altijd tegen de stroom in vindt peddelen, en dat alles omdat je de leugens van het valse zelf gelooft. Dit is wat het zo moeilijk maakt om de realiteit te creëren die je eigenlijk wilt hebben — omdat je je angst en je zelfbeperkingen moet loslaten om dat te doen. En er zijn voordelen aan het vasthouden aan de status quo. Je hele leven tot nu toe is gebaseerd op deze beperkingen. Het is de enige manier waarop je jezelf kent, het kader dat je hebt gebruikt om je gezondheid, je lichaam, je geld en financiële leven, je werk en je relaties (of het gebrek daaraan) op te bouwen.

Het komt door de niet-erkende en onopgeloste scenario's uit het verleden waarin je besloot dat je iets was dat niet eens waar was over jou, maar je maakte het waar over jou, en toen werd het jou. Het is hoe je je leven leidt. Je trekt je relaties op die manier aan. Je trekt je geld op die manier aan. Je trekt je bedrijf op die manier aan. Je trekt je lichaam op die manier aan. En je trekt aan wat er niet gebeurt in je leven vanuit die manier van zijn. Herinner je je PigPen uit de Peanuts-cartoon van Charles Schultz? Hij was degene die altijd een wolk van stof om zich heen had. Dat is dezelfde energie van deze overtuigingssystemen, en het draait altijd om je heen terwijl het ook aantrekt wat je zegt dat je niet wilt.

ONBEWUSTE VOORDELEN

Voor de meeste mensen is de gedachte dat ze misschien iets positiefs uit dit alles halen — hoe verdraaid ook — meestal enigszins afschuwelijk. Het is een deel van de ontkenning. Maar laten we eens kijken naar enkele van de mogelijke voordelen die je kunt hebben door vast te houden aan je beperkingen. Komen deze je bekend voor?

1. Macht
2. Veiligheid
3. Zekerheid
4. Controle
5. Alleen zijn
6. Vrede
7. Ontspanning
8. Vrijheid
9. Aandacht
10. Liefde
11. Wraak
12. Ruimte
13. Ademhalen of adem hebben
14. Vindingrijk zijn

Wanneer je onbewuste overtuigingen en beperkingen loslaat, word je energetisch meer in lijn met je verlangens en begin je de juiste acties te ondernemen. Je opent de deur naar mogelijkheden. Maar de meeste mensen denken niet dat ze de mogelijkheid waard zijn, dus ze zullen de kooi niet eens openbreken.

Waarom zou je ooit FEAR (False Evidence Appearing Real) willen genereren?

Er is maar één reden: jezelf beperken in een wereld vol mogelijkheden, omdat die mogelijkheden op een bepaald niveau onbekend en onzeker zijn. Dus in plaats van ze onder ogen te zien en/of hun waargenomen gevolgen, beperk je jezelf en houd je jezelf op je plaats.

Wanneer ik mensen vraag: "Waar ben je bang voor?" reageren ze vaak met opmerkingen zoals: "Ik heb het geld niet," "Ik zal mijn familie verlaten en ze zullen niet meer van me houden," "Ik weet niet hoe, dus ik kijk liever niet eens." Soms zeggen ze dat het "te veel hard werken" inhoudt. Of misschien hebben ze een ziekte. Er zijn zoveel redenen en iedereen heeft ze. "Ik ben lelijk. Ik schaam me. Ik ben een vergissing." Dit zijn de "redenen" waarom ze niet verder gaan met het creëren van hun leven. En hoewel het eigenlijk excuses zijn, kiezen mensen er te vaak voor om te geloven dat ze waar zijn in plaats van een andere realiteit te creëren, de realiteit die ze eigenlijk willen hebben. Als dit je bekend voorkomt, probeer jezelf dan de volgende vragen te stellen:

Wat maakt de reden — of "onwaarheid" — zo essentieel dat je liever de leugen gelooft dan de waarheid creëert?

Welke functie vervult het, en voor wie (het is meestal niet alleen voor jou)?

Welk voordeel of beloning haal je eruit door het voort te zetten?

Wat leer je ervan?

Ben je hier vandaag klaar mee?

De sleutel hier is om te vragen en dan aandacht te besteden aan je lichaam, omdat echte antwoorden via je lichaam komen, niet vanuit je hoofd. Je hoort en voelt het antwoord, vaak vergezeld van een gevoel van opluchting. Elke keer dat je een onbewuste overtuiging loslaat, word je meer in lijn gebracht met aanwezigheid en je unieke spirituele handtekening.

De manier om binnen te komen is door die tralies van de kooi te schudden. Laat de tranen vallen. Emotie is energie in beweging. De kooi vertegenwoordigt wat je in je lichaam hebt vastgehouden dat je niet hebt kunnen loslaten. Je kunt je bewust worden van de zwaarte en dichtheid van wat voorheen onzichtbaar voor je was. Stel jezelf vragen als: "Wie zou ik zijn zonder mijn beperkingen, en hoe zal ik leven zonder hen?" Laat je lichaam antwoorden en je voorzien van veel grotere mogelijkheden voor je leven. Je moet gewoon ergens beginnen.

Stel jezelf de volgende vragen:

Hoe zou je leven eruitzien?

Wie is daar bij je?

Wat omvat het?

Wat neem je waar?

Wat is het dat je niet steeds opnieuw wilt aanpakken?

Wat is het dat je niet steeds opnieuw wilt aanpakken?

Dat is wat tolerantie is — steeds, maar doorgaan omdat je meer nodig hebt om hetzelfde resultaat te krijgen. In de psychologie noemen ze dit "toestand-afhankelijke theorie." Het betekent dat je niet kunt herinneren, veranderen of bereiken wat je wilt bereiken, tenzij je in die exacte toestand bent. Daarom denken mensen: *laat me drinken om die plezierige toestand te bereiken of laat me drugs gebruiken om dat bewustzijn te bereiken.* Je kunt gewoon je lichaam vragen en kiezen wat voor jullie beiden werkt.

De realiteit is dat je het bewustzijn kunt bereiken dat je wilt. Je kunt alle leugens afwerpen waarmee je hebt geleefd. En je kunt uit de kooi breken. Begin met het stellen van doelen voor waar je wilt veranderen. Je weet of je chagrijnig bent. Je weet of je iedereen de schuld geeft van alles. Je weet of je financiële situatie is veranderd of niet. Je weet of je seksueel gelukkig bent of niet. Je weet of je gelukkig bent in je lichaam of niet. Je weet of je gelukkig bent in je werk of niet. Je weet het.

Alles wat nodig is, is de moed om je verleden onder ogen te zien. Wat is vandaag waar? Mensen zijn hier zo bang voor, maar de realiteit is *dat je in je verleden leeft* in je heden. En het is niet zozeer dat je er bang voor bent — wat enger is, is dat je er op een bepaald niveau van profiteert. Of doe je dat echt? Dat is je echte kooi

OEFENING: BINNEN DE TRALIES VAN DE KOOI

Stel je voor dat je in deze kooi staat en de deur is gesloten en vergrendeld.

Er zijn twaalf tralies op de kooi. Elk van de tralies vertegenwoordigt een angst of beperking die je vasthoudt en die je ervan weerhoudt volledig te leven.

Knip een stuk papier in twaalf lange stroken en schrijf op elke strook de angst, de boodschap, de beperking – wat je ook toestaat in je hoofd te leven en je tegenhoudt. Op de achterkant van elke strook, noteer een of meer acties die je kunt ondernemen om van die kooi tralie af te komen. Aan het einde van deze oefening wil je misschien de papieren versnipperen of verbranden als een symbool van het uitbreken van de kooi.

HOOFDSTUK 4: DE WIJSHEID VAN HET LICHAAM

> *Lichaamscognitie gaat over leren luisteren naar je lichaam, hoe je erop kunt reageren met vriendelijkheid en hoe je een relatie ermee kunt opbouwen, zodat je het gevoel hebt dat je je systeem beheerst en het leven kunt leiden dat je wilt leven.*
>
> *— HOLLY BRIDGES*

Je lichaam is een navigatiesysteem, vergelijkbaar met een GPS. Maar hoezeer we ook vol bewondering kijken naar de capaciteiten van technologie, de "technologie" van ons eigen lichaam is veel groter — vooral als je bedenkt dat zonder intuïtie (van binnen), technologie (daarbuiten) niet zou bestaan. Zeker, enkele van de grootste geesten ter wereld hebben het toegegeven, van Albert Einstein die zei: "Alle grote prestaties van de wetenschap moeten beginnen met intuïtieve kennis. Ik geloof in intuïtie en inspiratie..." tot Steve Jobs: "Heb de moed om je hart en intuïtie te volgen. Ze weten op de een of andere manier al wat je echt wilt worden. De rest is secundair."

INTUÏTIEF BEWUSTZIJN

Naarmate je lichaam energetisch meer in lijn komt met aanwezigheid, zul je merken dat het veel gemakkelijker wordt om toegang te krijgen tot je intuïtie en bewustzijn van de toekomst. Dit kan op zichzelf een reden zijn waarom veel mensen onbewust ervoor kiezen om in hun kooi te blijven. Soms lijkt onwetendheid gelukzalig en minder verantwoordelijk. Een bekende toekomst kan net zo eng zijn als een onbekende voor de oningewijde. Toegang hebben tot je intuïtie houdt je uit de problemen.

Intuïtie zelf is subtiel, dus het toont zich vaak op kleine manieren. Bijvoorbeeld, je hebt misschien 's ochtends het gevoel dat je partner boos op je is, ook al is dat niet zo. De dag verloopt goed tussen jullie, maar dan, twaalf uur later, zijn ze boos op je. Dit soort "heads up" kan je relatie veel beter faciliteren dan vast te zitten in de cyclus van de vier D's en niet opletten of luisteren naar je intuïtie.

Dit is vaak het moment waarop het universum je misschien "helpt" de boodschap te krijgen door een klap uit te delen met een "kosmische twee-bij-vier" — bijvoorbeeld, je breekt een arm doordat je van je paard valt tijdens een periode waarin je partner een affaire heeft die je eigenlijk niet wilt weten (dit overkwam mij). Of misschien snijd je 's ochtends in je vinger met een mes en ben je te laat met het betalen van je rekeningen. Natuurlijk lijken deze gebeurtenissen nooit verbonden, maar merk op hoe ze je aandacht trekken. Gelukkig beginnen deze ervaringen minder vaak voor te komen omdat a) je ze niet nodig hebt en b) je intuïtief eerder weet. Nu wordt het alleen een kwestie van of je ernaar gaat luisteren.

In gemeenschap zijn met je lichaam is niet hetzelfde als "lichaamswerk." Hoewel ik jarenlang verschillende vormen van "lichaamswerk" heb gehad — zowel voor mezelf als in het faciliteren voor anderen — was het pas in de afgelopen jaren dat ik in harmonie kwam met mijn lichaam. Ik realiseer me nu dat het altijd tegen me sprak, of ik nu luisterde of niet. Het verschil vandaag is dat het niet alleen blijft praten tegen mij, maar dat ik ook elke dag met mijn lichaam praat. Het is een twee-richtingscommunicatie.

Ik voelde me vroeger zo ongemakkelijk in mijn lichaam. Het voelde als insecten onder de huid. Ik had al deze energieën van andere mensen in en op mijn lichaam — de werkelijkheden van andere mensen. Ik dacht niet veel van mezelf en had een lange lijst van oordelen over wat ik dacht dat ik was. En pas toen ik ervoor koos om naar binnen te kijken, ontdekte ik dat het niet was wat ik at — het was wat mij opat. Ik geloofde dat een lichaam hebben lelijk was, plezier beschamend was, dat vrouw zijn betekende dat je misbruikt werd. Dat is het soort denken waarmee ik mijn lichaam voedde dat het niet kon "verteren," en de spiegel was dat het mijn voedsel ook niet kon verteren of metaboliseren. En wanneer je lichaam niet kan of wil verteren wat je het voedt, bouwt zich ontsteking op en kan dit gewichtstoename veroorzaken.

In mijn geval was het scheiding tussen geest en lichaam, en pas toen ik begon te onderzoeken en naar mijn lichaam te luisteren, begon het te veranderen. *Wat wil die pijn of dat ongemak zeggen? Aan wie behoort die pijn of dat ongemak toe? Welke beslissing heb ik genomen? En tot welke conclusie ben ik gekomen? Hoe heb ik mijn leven geleid en hoe heb ik mijn leven gevormd volgens die beslissingen en conclusies? Hoe heb ik mijn lichaam gevormd volgens die beslissingen en conclusies?* Want als je denkt dat je slecht, verkeerd, slecht, verschrikkelijk, beschamend, afschuwelijk of lelijk bent, kan je lichaam die dingen aan je terug weerspiegelen in de manier waarop het eruitziet, vormt, en aanvoelt.

En daarom noem ik het het lichaam van verandering, een lichaam van mogelijkheden. Naarmate je perceptie verandert, verandert je lichaam om overeen te komen met je perceptie. Maar het gebeurt niet per ongeluk. Je laat het los door toewijding en de keuze om een goede vriend voor jezelf te zijn, om een expansie te zijn met in plaats van een contractie tegen. Dan is je lichaam, je vriend, het voertuig waarmee je je leven leeft, actief samenwerkend met jou voor wat het meest expansief is voor je grootste verlangens, voor wat je hart doet zingen. Je hebt een nieuwe relatie met jezelf. Je voelt je goed persoonlijk en professioneel en, als een super-kracht, stap je in actie om je leven te creëren met plezier en gemak en de vreugde van het leven.

Dit is de belofte en kracht van het creëren van een dialoog en het openen van de communicatielijnen met je lichaam, omdat zowel het probleem als het resultaat bestaan in de communicatie, in het verhaal dat je jezelf vertelt. Wanneer je het verhaal verandert, verander je het resultaat.

Wanneer je vol zit met problemen, is er geen ruimte
voor iets nieuws om binnen te komen, geen ruimte

voor een oplossing. Dus maak wanneer je kunt wat ruimte, maak wat ruimte...

— ECKHART TOLLE, *THE POWER OF NOW*

Onze lichamen zijn in staat om te veranderen, en het vergt slechts één keuze om die verandering teweeg te brengen, en dat is om in gemeenschap te zijn — in gesprek — met je lichaam. En het hoeft geen "grote" keuze te zijn.

DE ÉÉN-GRADEN VERSCHUIVING

Onze taal is te vinden in elke draad en vezel van onze realiteit. Door één woord binnen onszelf te veranderen, breiden we ons bewustzijn, onze gewaarwording en onze realiteit uit, trekken we samen of veranderen we. De gedachten en gesprekken van generaties voor ons resoneren nog steeds als waar en echt in ons leven.

— *ROBERT TENNYSON STEVENS*

Als je bereid bent om slechts één gevoel te voelen dat je nog niet eerder hebt gevoeld over een bepaalde situatie in je leven — met je vader, je moeder, je baas, je partner of iemand anders — dan is dat een één-graden verschuiving. Als je bereid bent om woorden te geven aan iets dat je weet waarvan je niet eens wist dat je het wist, dan is dat een één-graden verschuiving.

Wanneer ik met cliënten werk, vraag ik hen: "Wat is je één-graden verschuiving op dit moment? Wat is je intentie, zodra je klaar bent met deze sessie?" Op een gegeven moment was een één-graden verschuiving voor mij: "Hoe dan ook, vandaag ga ik mezelf gelukkig maken. En ik ga dankbaar zijn voor alles." Destijds wist ik niet hoe ik gelukkig moest zijn of dankbaar moest zijn voor iets, dus besloot ik dat dat mijn één-graden verschuiving was. Wat er ook gebeurde. Zelfs als het slecht was, zou ik er dankbaar voor zijn.

Een andere keer was mijn één-graden verschuiving: "Hoe dan ook, ik ga elke dag naar buiten en een wandeling maken van dertig minuten. Ik ga het timen op mijn telefoon, en ik ga geen zaken doen." Al snel werden mijn dertig minuten een uur, en toen werd mijn uur anderhalf uur. En toen wilde ik niet meer terug aan het werk, maar als ik dat wel deed, als ik terug moest aan het werk, werd het altijd beter omdat ik ruimte had. Dat is wat een één-graden verschuiving doet. Het geeft je ruimte. Wanneer je overtuigingen zoals *Ik ben een vergissing*, *Ik ben niet geliefd*, *Ik schaam me*, *Ik ben niemand*, *Ik ben een bedrieger* verwijdert uit je cellulaire bewustzijn in je lichaam, voel je je lichter en vrijer. Dat is een één-graden verschuiving.

Wat zou een één-graden verschuiving voor jou zijn? Het kan zo eenvoudig zijn als iets uit je verleden onder ogen zien (ik zei *eenvoudig,* niet *gemakkelijk*). Of het kan zijn dat je erkent hoe onbeheerst je je voelt. Zet dat in je wereld. Je kunt het hardop zeggen of het tegen jezelf fluisteren. Schrijf het dan op. Maak het echt.

WAT IS EEN ÉÉN-GRADEN VERSCHUIVING VOOR MIJ?

Hier is een lijst met ideeën om je dag te beginnen met de energie van één-graden verschuivingen:

- Verbind je er elke ochtend toe om een één-graden verschuiving voor die dag op te schrijven.
- Houd je geschreven document bij je en lees het meerdere keren per dag hardop voor. (Indexkaartjes werken goed voor deze oefening).
- Blijf elke dag streven om die één-graden verschuiving te leven.
- Vandaag is mijn één-graden verschuiving...
- Vandaag is dankbaarheid...
- Vandaag is een actie...

- Een één-graden verschuiving voor mij is...

HET LICHAAM ALS VRIEND

Onthoud, Rome is niet in één dag gebouwd, en jouw overtuigingssysteem ook niet. Als je al dertig jaar een verhaal hebt, zul je waarschijnlijk niet alles in één keer loslaten. Wees geduldig met jezelf en geduldig met het werk. Eén ding waar je op kunt rekenen is dat je lichaam je de waarheid zal vertellen en je zal begeleiden uit de problemen in je leven. Iemand deelde onlangs het volgende met mij:

Je lichaam is je intieme vriend, een beste vriend die je nooit heeft voorgelogen, en dat zal het ook nooit doen. Overweeg deze kenmerken:

Je Body:

- *is onveranderlijk in zijn toewijding aan jou en bestaat alleen om jou te ondersteunen in je hoogste doel.*
- *wordt nooit moe van jou, ongeacht hoe je het behandelt.*
- *geeft je ongelooflijke feedback door je geestestoestand te weerspiegelen, zonder oordeel.*
- *reageert op elke opdracht die je geeft.*
- *is jouw project, jouw creatie, jouw geschenk aan de wereld.*

- *zal je nooit, niet voor één moment, op een dwaalspoor brengen.*
- *is pure toewijding tot je beschikking.*

Vaak willen mensen niet in hun lichaam komen, omdat ze dan het verleden zullen herinneren, omdat hun lichaam alles onthoudt. Het is je geest die het zich niet herinnert. Je geest wil het niet herinneren. Maar je lichaam onthoudt alles. Een vrouw met wie ik werkte in een workshop was zo vastberaden om in haar hoofd te blijven, hoeveel keer ik ook vroeg haar lichaam te laten antwoorden. Ze bleef zeggen dat het "expansief" was, dat het haar lichaam was, maar ik kon zien dat ze vanuit haar hoofd antwoordde. Uiteindelijk opende ze zich voor haar lichaam. Ze weerstond niet bewust — het was onbewust. In haar lichaam zijn was pijnlijk omdat ze een overtuiging had belichaamd over lelijk zijn. Ze wilde wegblijven van de pijn en bleef liever in de toekomst of in haar hoofd dan in het heden te zijn.

De realiteit is dat, hoe angstaanjagend dit ook mag lijken, de angst zelf wordt gegenereerd door je geest en vertegenwoordigt slechts ongeveer tien procent van je. Het navigeren van een ervaring zoals deze gaat dus echt over het verschuiven van de focus van slechts dit tien procent deel van jou — je geest — naar de negentig procent van jou, wat je lichaam is.

Voelen zal je dichter bij de waarheid van wie je bent brengen dan denken.

— ECKHART TOLLE

Je lichaam is een geschenk. Het is de mogelijkheid. Het is niet een of andere dode mantel die je met je meedraagt. En het zal tot je spreken als je het toestaat. Maar je moet er eerst naar luisteren, niet naar wat iedereen anders zegt.

Omdat als je je op je lichaam concentreert, dingen zullen veranderen. Vraag jezelf af: *Waar ben ik me van bewust dat ik niet heb veranderd en wat mijn lichaam graag zou willen veranderen? Wat zou meer gemak of rust voor mij creëren?* Luister dan. En luister naar de energie ervan, niet alleen naar het antwoord.

Terugkijkend heb ik gezien dat het de energie van liefde, ruimte en goed voelen over mezelf is, in plaats van zelfdestructieve gedachten of zelf-saboterende overtuigingen, die alles heeft veranderd aan de manier waarop ik naar het leven kijk van binnenuit en van buitenaf. Ons lichaam is een sensorisch communicatief organisme — alles wat het uitdrukt is een communicatie van iets. De vraag is, wat vertelt je lichaam je precies? Een manier om dat te weten is door op te merken hoe je uitbreidt of samentrekt wanneer je een gedachte hebt. Vraag jezelf dus nu af: *Lichaam, ben je nu gelukkig? Wat voel je? Uitbreiding of samentrekking?*

JA OF NEE

Zie je lichaam als een soort "sensorische meditatie." Je kunt je lichaam gebruiken om af te stemmen op informatie die je nodig hebt en misschien over het hoofd ziet om beslissingen te nemen. Bijvoorbeeld, ik heb een internationaal bedrijf en check in met mijn lichaam om te weten op welke gebieden ik me het beste kan concentreren. *Moet ik me nu concentreren op Turkije, of Nederland of Spanje?* Of als ik een soort pijn of spanning in mijn lichaam heb, of een conflict in een relatie, is het eerste wat ik mijn lichaam vraag vragen zoals deze:

1. *Waar weigerde ik me van bewust te zijn?*
2. *Wat heb ik losgelaten?*
3. *Waar is mijn aandacht nu vereist?*
4. *Hoe zag ik dit aankomen en besteedde ik er geen aandacht aan?*

Je lichaam als een aangeboren geleidingssysteem zal je niet in de steek laten. Het zal met je communiceren en heeft een specifieke manier om je antwoorden op je vragen te geven, een manier waarop het je "Ja" of "Nee" vertelt. Het lichaam doet niet aan "misschien." Over het algemeen zal een "Ja" zich expansief voelen en een "Nee" zal zich contractief voelen in een deel van je lichaam, of misschien overal. Ieder persoon moet zijn eigen unieke "berichtensysteem" ontdekken en cultiveren. Ontdek wat een "Ja" is in je lichaam, wat een "Nee" is. Gewoonlijk zul je een bepaald gevoel in je lichaam voelen en dat zal een beschrijving hebben. Bijvoorbeeld, je kunt spanning in je buik voelen. Het kan een kleur hebben die ermee geassocieerd is. Of misschien voel je het in je hoofd of je hart. Wanneer je meer verbonden en bewust wordt van je lichaam, kun je realiseren dat je voor een groot deel van je leven in een gecontracteerde staat hebt geleefd. De grote verandering is ontwaken hiervoor zodat je kunt beginnen te leven in expansie en mogelijkheden.

Eenvoudig Begin:

Zeg je naam hardop.

"Mijn naam is..."

Merk op waar je dat gevoel van weten in je lichaam waarneemt.

Dat gevoel is je "Ja."

Zeg nu, "Ik ben een kikker."

Merk op waar je lichaam reageert.

Dit is je "Nee."

Speel hier dagelijks mee.

Welkom bij je echte navigatiesysteem—je lichaam!

---

*Je leven wordt niet beter door toeval, het wordt beter
door verandering.*

— *JIM ROHN*

Naarmate je evolueert en verandert, veranderen ook je
"Ja" en "Nee." Soms is het de mensen die je aantrekt in
je leven, of het soort kleding dat je draagt, of de activiteiten waar je aan deelneemt. De dingen waar ik nu ja
tegen zeg zijn heel anders dan toen ik alcohol dronk,
bijvoorbeeld. En waar ik nu nee tegen zeg is anders
omdat er een synergie is met waar ik naartoe ga. Ik heb
andere doelen van verlangen en wat ik aan het verwe-
zenlijken ben. Vroeger probeerde ik gewoon door alle
manieren te navigeren waarop ik mezelf identificeerde
met de wereld en de overtuigingen die ik droeg die niet
in lijn waren met mijn zielafdruk.

Wanneer je gescheiden en gefragmenteerd leeft van je
lichaam, is alles gescheiden en gefragmenteerd. Dus
bijvoorbeeld, als je probeert iets in je bedrijf te creëren,
kan het tot stand komen, maar het zal moeizaam verlopen. Het zal te laat zijn, gehaast of iets anders. Naar-

mate je meer in overeenstemming komt met je zielafdruk, zul je verschillende mensen aantrekken die je voorheen niet kon aantrekken omdat je zo gefragmenteerd was. We hebben de neiging om mensen aan te trekken op of onder het niveau van onze eigen fragmentatie of ontkoppeling. De energieën passen bij onze worstelingen en als resultaat is dat precies wat zich voordoet.

GEVOELIGHEID VOOR DE WERELD OM JE HEEN

Onze lichamen zijn extreem gevoelig voor de wereld om ons heen, en we dragen de energie van andere mensen op ons eigen lichaam zonder het te beseffen. Maar je kunt je hiervan bewust worden op elk moment dat je ervoor kiest om te pauzeren en te onderzoeken. Hoe vaak ben je niet heel moe en in een slecht humeur wakker geworden, terwijl je prima naar bed ging en goed hebt geslapen? Waar kwam dat door? Het is met iets verbonden. Waar ben je je van bewust? Wie komt er nu in je gedachten terwijl je hierover nadenkt?

Ik leer veel energetische genezingstechnieken in mijn workshops om mensen te helpen deze energieën te zuiveren en te laten verdwijnen, wat hen veel verlichting geeft. Nog belangrijker is dat ze leren hoe ze zich bewust kunnen worden van de verbindingen zelf.

Iemand werd wakker met een migraine, nekpijn en rugpijn. We konden de hele situatie aanpakken door vragen als deze te stellen:

- *Wie ben je je bewust van?*
- *Als de pijn kon spreken, wat zou het zeggen?*
- *Wiens pijn ben jij aan het ervaren?*

Niet alles wat je ervaart is geworteld in een verleden ervaring. Hoe meer je werkt aan het opruimen van je verleden en de impact die het heeft op je heden, hoe meer je de energieën in de wereld kunt oppikken. Wat je voelt, kan verbonden zijn met iemand die je kent, of je kunt je voelen als een kind dat pijn heeft in Saoedi-Arabië. We doen dit omdat we als mensen energetische wezens zijn en moleculaire sensorische organismen die verbonden zijn met iedereen en alles.

We zijn één op kosmisch niveau. In plaats van te vragen waarom dit zo is, is het nuttiger om je te concentreren op de vraag: "Wat kan ik nu met deze energie doen nu ik weet dat het niet van mij is?" En er zijn veel manieren om energie los te laten. Je kunt het aan de aarde geven, naar het licht sturen, de liefde sturen, op je knieën gaan en bidden, of het op een bokszak slaan. Het punt is om te leren onderscheiden tussen wat van jou is en wat van iemand anders is. Als kind denk je dat alles wat je denkt en voelt van jou is, terwijl je als een hooggevoelig, verbonden wezen niet alleen te maken hebt met je moeder, je vader, je broers en zussen, tantes en ooms, leraren... en God weet wie nog meer op elk gegeven moment.

OEFENING: (IK STEL VOOR DIT DRIE KEER PER DAG GEDURENDE 21 DAGEN TE DOEN)

1. Schrijf de boodschappen op die je over je eigen lichaam hebt. Het doel is om die boodschappen uit je hoofd te krijgen en ze op papier toe te geven. Om je te helpen met deze oefening, kan het nuttig zijn om na te denken over de negatieve opmerkingen die je in je eigen hoofd tegen jezelf maakt. Schrijf nu tien overtuigingen of zinnen over jezelf op.

2. Reflecteer op je fysieke lichaam. Houd je ervan? Waar bekritiseer je het om? Gewicht? Uiterlijk? Beweging? Schrijf nu tien kritieken over je lichaam op. Opmerking: ze kunnen hetzelfde of vergelijkbaar zijn als hierboven.

3. Wat zijn je "ongemakken" die je in je lichaam ervaart? Ben je vatbaar voor ziektes? Heb je constant pijn en kwalen? Heb je vaak buikpijn? Betrap je jezelf er ooit op dat je je adem inhoudt? Wanneer en waarom? Schrijf nu tien ongemakken of ziekten in je lichaam op.

4. Sluit je ogen.

5. Plaats een hand op je thymus (hartcentrum) en een hand op je schaambeen (onderbuik).

6. Laat je kaak zakken terwijl je drie keer door je mond ademt.

7. Pak nu de energie met je psychische handen, en je kunt je eigen handen gebruiken om het te gooien...

8. Naar de aarde vijf keer.

9. Naar de lucht vijf keer.

10. Naar voren, voor je, vijf keer.

11. Adem nu opnieuw door je mond drie keer.

12. Breid je uit en raak de vier hoeken van de kamer waarin je bent aan met je handen op je thymus en schaambeen, terwijl je je voeten op de grond voelt.

13. Breid uit naar de vier hoeken van de stad waarin je bent.

14. Breid uit naar de vier hoeken van de staat waarin je bent.

15. Breid uit naar de vier hoeken van het land waarin je bent.

16. Breid uit naar de vier hoeken van de aarde, alsof de aarde vier hoeken heeft.

17. Breid uit naar de vier hoeken, als die er waren, van het universum.

18. Merk je het verschil op? Wat is er nieuw?

19. Schrijf het op en/of zeg het volgende met je
    handen nog steeds op je thymus en
    schaambeen:
20. Ik ben veranderd!
21. Ik weet dat ik ben veranderd!
22. Ik weet dat ik ben veranderd omdat...

HOOFDSTUK 5: DE ONTKOPPELING HELEN

Mensen hebben nu de kans om de verschuiving te maken van angst-gericht, adrenaline-gedreven leven naar volledig-lichaam-intelligent leven. Lichaamsintelligentie breidt ons perspectief uit voorbij de angst naar de rijke, millennia-lange wijsheid die we in onze cellen dragen.

— GAY HENDRICKS

Het vertrouwen in jezelf en de wijsheid van je lichaam kan alleen ontstaan als je stopt met in andermans universum te leven en jezelf te beoordelen door andermans ogen. Je hoeft je waarde of waardigheid niet te rechtvaardigen.

Lange tijd voelde ik de behoefte om mensen te vertellen waar ik mee bezig was of welke certificering ik aan het halen was, en dat kwam voort uit wat me acceptatie, promotie of het uiterlijk van goed of beter zijn zou geven. Pas toen ik stopte met kijken vanuit het perspectief van anderen, vond ik mijn eigen perspectief. En dat gebeurde niet van de ene op de andere dag, maar het begon met dat moment achter de computer, pratend met mijn lichaam.

Ik begon mijn relaties op een andere manier te verkennen en te cultiveren, eerst met de persoonlijke relaties, de relaties "daarbuiten". Daarna keek ik intensief naar mijn "interne" relaties: mijn relatie met mezelf, mijn relatie met mijn gezondheid, de relatie van mijn bedrijf met geld, en mijn persoonlijke financiën en relatie met geld. Ik dook erin: ben ik gelukkig? Niet verrassend, ontdekte ik dat ik niet gelukkig was. En ik was niet gelukkig met wat ik aan het creëren was of hoe ik het aan het creëren was.

Als je iemand bent die ongelukkig is, maar dat nog niet heeft toegegeven en je best hebt gedaan om te negeren waarom, ben je niet de enige. Zelfgenoegzaamheid heeft zijn eigen voordelen, althans totdat er iets in het leven gebeurt dat onze kooi doet rammelen. Een goed voorbeeld is de wereldwijde pandemie in 2020, die mensen dwong binnenshuis te blijven. We zaten thuis vast met de mensen waarmee we leven. Onder die omstandigheden is het moeilijk te negeren hoe zij met jou omgaan en hoe jij met hen omgaat... of hoe jij met je lichaam omgaat en hoe je lichaam met jou omgaat... of hoe jij met je vrienden omgaat, en of het eigenlijk wel echt vrienden zijn. Plotseling kun je niet negeren wat er op je bankrekening verschijnt en wat niet. Je kunt de nachtmerries niet negeren, waar je voorheen de slechte gevoelens kon wegduwen door bezig te blijven, dingen te doen en te vermijden. Je kunt de frustratie met je moeder of vader niet negeren, of de pijn en verwoesting omdat ze er niet meer zijn en hoe dat je leven heeft beïnvloed.

Maar als je je leven wilt veranderen, kun je niet langer vertrouwen op of genoegen nemen met die situaties uit het verleden. Dit werk gaat over "Ik hou niet van mijn leven en ik wil het veranderen." Misschien hou je van een deel van je leven, maar je moet meedogenloos eerlijk zijn om elk deel van je realiteit anders te confronteren en te creëren.

Beantwoord deze vragen:

- *Noem het deel van je leven dat je niet leuk vindt en committeer je aan het doen van wat nodig is om het te veranderen!*
- *Noem het deel van je gedrag dat je niet leuk vindt en committeer je aan het doen van wat nodig is om het te veranderen!*

- *Maak je keuze nu. Verklaar het hardop.*
- *Ik kies...*
- *Wat is nu je actie om je keuze te volgen? Het maakt niet uit wat het is. Het belangrijkste is dat er een actie is.*
- *Ik doe...*
- *Noem een dankbaarheid die je nu hebt...*
- *Ik ben dankbaar omdat...*
- *Ik ben dankbaar voor...*
- *Ik ben dankbaar over...*
- *Merk nu je lichaam op...*
- *Zeg hallo...*
- *Geef jezelf een knuffel.*
- *Zeg: "Ik hou van je."*
- *Zeg: "Dank je, lichaam."*
- *Ga nu groot zijn.*
- *En blijf jezelf ZIJN!*

Toen ik ontdekte dat ik een allergie voor alcohol had en besloot te stoppen met drinken, moest ik elke dag leren leven zonder die steun. Die oplossing werd vervangen door dagelijkse 1° Shifts™. Er ontstond nu ruimte om dingen te zien die beter konden. Voorheen zou ik gewoon een drankje willen nemen en niets zien. Ik miste de alcohol niet — maar ik wilde mijn leven ook niet missen, of de verantwoordelijkheid, controle en creatie van mijn realiteit. Die wens leidde me ertoe om tools en technieken te vinden of te ontwikkelen die hielpen om te ontsnappen uit de kooi en de vicieuze cirkel van de vier D's.

TOOLS EN TECHNIEKEN OM JEZELF UIT DE KOOI TE BEVRIJDEN

1. DE ROAR®-TECHNIEK

De Roar®-Techniek is een somatische techniek om trauma uit het verleden verbaal, energetisch en somatisch te verwijderen. Het elimineert beperkingen, die onbewuste overtuigingen waarvan je niet weet dat je ze naleeft, zijn degenen die je ziek houden. Het is een tool die je elke dag van je leven kunt gebruiken, als je wilt, om jezelf te bevrijden van pijntjes en kwalen. Ik gebruik graag de analogie van een zelfreinigende oven — je hoeft niet te wachten tot iemand anders het voor je doet. Soms zeg ik tegen mijn cliënten dat ze gewoon de badkamer in kunnen stappen, de techniek kunnen doorlopen, en boom, uit de badkamer komen, weer aan het werk gaan en hun baan behouden. En, soms verrassend, doen ze dat.

Stappen om de Roar®-Techniek te Gebruiken:

1. *Wat is de huidige situatie?*
2. *Wat roept dit op?*
3. *Waar heeft dit mee te maken?*

4. *Oh mijn god, dit is wat ik heb besloten — dit is het geloofssysteem.*
5. *Ik wil dit nu niet doen. Hoe kan ik het veranderen?*
6. *Waar ben je dankbaar voor in deze situatie?*
7. *Onderneem actie - maak de 1º Shift ™.*

Hoe meer je het werk doet, hoe meer het werk wordt geïnternaliseerd, zodat je uiteindelijk, wanneer er pijn opkomt, misschien alleen maar een enkele vraag hoeft te stellen zoals: "Lichaam, wat probeer je me te vertellen?" Dan laat je je emoties uit de kooi. Onthoud, emotie is energie in beweging, dus er is geen behoefte om op de rem te trappen, je lichaam stijf en strak te houden, of in de vier D's (ontkennen, verdedigen, ontkoppelen, dissociëren) te gaan en te proberen het hele gebeuren te negeren. Het doel hier is om te leren hoe je in het heden kunt blijven.

"Het is gemakkelijk om in het heden te blijven als de waarnemer van je geest wanneer je diep geworteld bent in je lichaam. Wat er ook gebeurt aan de buitenkant, niets kan je nog van je stuk brengen."

— *ECKHART TOLLE*

---

2. DE VIER E'S EN DE VIER C'S

Net zoals een jonge vogel die in het nest heeft gezeten en klaar is om te vertrekken, moeten we soms onze vleugels vinden om onze vlucht naar vrijheid mogelijk te maken. Dit is de rol van de vier E's (omarmen, onderzoeken, belichamen en uitbreiden) en de vier C's (kiezen, committeren, samenwerken met het universum en creëren). Net zoals in een mooie dans, leidt eerst de een en dan de ander om je te helpen los te komen uit de cyclus van de vier D's (zie Hoofdstuk Twee).

Laat me eerst uitleggen waar elk van de vier E's voor staat, gevolgd door de vier C's, en dan geef ik een voorbeeld van hoe het allemaal werkt en samen kan vloeien om je uit de kooi te bewegen en in de vrijheid van creatie.

DE VIER E'S

OMARMEN GAAT OVER HET ERKENNEN VAN DE AANWEZIGHEID VAN IETS EN ERMEE ZIJN.

Wat er ook aan de hand is, je bent bereid het onder ogen te zien en te voelen. Je omarmt het en laat het in je bewustzijn zonder oordeel. Het is een vorm van acceptatie van wat er ook gebeurt en wat je nu in je lichaam voelt. Het is rigoureuze eerlijkheid, openheid en de bereidheid om je waarheid te kennen en daarnaar te leven met gemak. Persoonlijk was dit het diepste, rijkste en moeilijkste werk voor mij. Dus nu zeer de moeite waard.

Noem één ding dat je op dit moment hebt geweigerd te OMARMEN.

ONDERZOEKEN IS VRAGEN STELLEN EN MEER BEWUSTZIJN KRIJGEN OVER WAT ER GAANDE IS EN WAT ER NODIG IS OM HET TE VERANDEREN.

Dit is de verkenning van wat je lichaam op dit moment voelt — een diepgaande duik in het onderzoek, waarbij geen steen onomgekeerd blijft. Je bent bereid te luisteren en het antwoord te ontvangen.

Noem het bewustzijn van wat je nu aan het ONDER-ZOEKEN bent.

BELICHAMEN IS IETS OPNEMEN OF VORM
OF ZICHTBARE UITDRUKKING GEVEN.

Dit gaat over het opnemen van de waarheid van jezelf en in gemeenschap komen met je lichaam. Hier is de mogelijkheid om jezelf te zijn, een keuze in plaats van slechts een hoop of een droom. Het is een opening naar een nieuwe realiteit, en je begint erin te bewegen. Je voelt je beter, lichter en minder zwaar.

Noem wat je denkt dat je nu aan het BELICHAMEN bent.

UITBREIDEN GAAT OVER KIEZEN — KIEZEN
OM DE RUIMTE VAN JEZELF TE BEZETTEN
OM VOLLEDIG TE LEVEN EN TE ZIJN.

Je bent niet meer in de kooi. Terwijl je je energie uitbreidt als ruimte, geef je je lichaam wat het nodig heeft om gemak te ervaren. In plaats van terug te krimpen in de kooi, breid je uit en claim je je ruimte als een wezen dat ervoor kiest vrij te leven. Je wordt je ervan bewust dat je bestaat en dat je de keuze hebt om radicaal levendig te zijn. Deze één-graden verschuiving steeds opnieuw creëert een leven waarvan je altijd hebt geweten dat het mogelijk is in de realiteit, niet in wensdenken of fantaseren.

Claim hoe je denkt dat je nu aan het UITBREIDEN bent.

DE VIER CS

Kiezen is wanneer je kiest vanuit de lichtheid van wat waar is voor jou. Je geeft jezelf toestemming om te erkennen wat je kiest, in plaats van dat andere mensen of andere factoren in het universum keuzes afdwingen op jouw lichaam en jouw leven. Kiezen vereist dat je erkent wat je wilt, benoemt en stelt wat daadwerkelijk jouw keuze is. Kiezen kan moed vereisen, omdat je je eigen verlangens erkent, zelfs als deze in conflict zijn met anderen om je heen. Kiezen is van jezelf houden.

Committeren is een paal in de grond slaan door middel van je acties. Je zegt: "Dit is wat ik van mezelf eis. Dit is wat ik niet langer zal tolereren." Hoe je je hieraan committeert, is door je ervan bewust te worden en wat je hier doet. En dan, ongeacht wat er gaande is, omarm je dat. Committeren is de actie die volgt op je keuze. Het verlevendigt je wezen, je lichaam en realiseert het bestaan.

. . .

Samenwerken is het universum dat zegt: "Woohoo! Nu hebben we iets te doen. We gaan het je geven." Samenwerken gaat ook over bij jezelf zijn. Je verandert het negatieve gesprek en moedigt jezelf voortdurend aan om actie te ondernemen en te bewegen naar wat je kiest. Je zoekt ook mensen of situaties die je keuze en commitment op een ondersteunende manier zullen ondersteunen, en je omringt jezelf met energie en individuen die geloven dat je het verdient om te kiezen. Samenwerken kan ook betekenen dat je bewust samenwerking vermijdt met mensen die je keuzes niet ondersteunen en die proberen je commitment en acties te dwarsbomen. Je distantieert jezelf van deze mensen of leert hoe je kunt herkennen dat hun woorden vaak onwaar zijn.

Creëren is radicaal levend zijn. Creëren is die expansieve en verkwikkende staat waarin je in de stroom zit van het vooruit bewegen van je keuzes. Je hebt je gecommitteerd en je hebt een ondersteunend samenwerkingsnetwerk opgezet. Nu geniet je van het uitvoeren van de stappen die je keuzes werkelijkheid maken in je leven. Omdat je hebt gewerkt aan de eerste drie C's, heb je ruimte in je wezen om de taken aan te pakken, en je energie is gericht op het maken in plaats van het vermijden. Dit is de 1º Shift™ in actie en verrassend vreugdevol en krachtig.

. . .

Het raamwerk van de vier E's en vier C's is ontworpen om je zover te krijgen dat je kiest voorbij waar je hebt geleefd en gecreëerd, om radicaal levend te kiezen voor jezelf, en om het te kennen als een absolute mogelijkheid. Het is niet langer alleen een hoop. Je kunt het in je lichaam voelen. En waarom? Omdat je ervoor koos om te spreken, eerlijk te zijn en jezelf te committeren aan luisteren, aan het niet onderdrukken van je woede en emotie. Je liet het universum samenwerken om je te zegenen. Je ging over tot bewust creëren. Dit is een nieuwe positieve, constructieve en opwaartse cyclus waarin je wilt zijn, in plaats van de destructieve cyclus van de vier D's. Je beweegt uit de kooi door meer radicaal leven te kiezen — en hier wil je blijven. Leven is de zielafdruk energie van jezelf zijn.

DAGELIJKSE PRAKTIJKEN

Je lichaam weet wanneer het verzorgd wordt, en dat doe je door tijd voor jezelf te nemen, jezelf als eerste te geven. De meesten van ons staan op, pakken een kop koffie, douchen en haasten zich de deur uit om voor de wereld te zorgen. We voelen ons gestrest vanaf het moment dat onze dag begint. Je lichaam zal het echt waarderen om aandacht te krijgen alsof je vrienden bent. Dagelijkse 1º Shifts™ zijn een manier om dit te doen.

1. CREATIESTATION

Meditatie is goed voor ons — de wetenschap heeft het bewezen. Toch werkt zitten met je ogen dicht en ademen voor een bepaalde tijd niet voor iedereen. Gelukkig zijn er veel manieren om te mediteren. Je moet er gewoon een vinden die bij jou past. Ik heb een ochtendroutine die ik mijn "creatiestation" noem. Het doet hetzelfde als andere vormen van meditatie: het opent een ruimte in mij waarin ik mijn lichaam kan horen spreken, zodat ik bewust kan kiezen wat voor mij en mijn lichaam werkt elke dag.

De meesten van ons hebben nooit geleerd om te kiezen. We groeiden op door te doen of te reageren op wat onze moeder, vader of leraren voor ons wilden, of wilden dat we deden, of we het nu leuk vonden of wilden. Sommige mensen, zoals ik, hadden hun leven gepland door overheersende ouders — welke scholen te gaan, welke diploma's ze zouden behalen. Het komt niet bij ons op dat elke dag van ons is om te creëren, of dat we een mogelijkheid zijn, en we kunnen dat elke dag kiezen.

Ik begin met het aansteken van kaarsen voordat ik ga zitten bij mijn creatiestation. Ik focus altijd op drie dingen — iets voor mijn lichaam, mijn bedrijf en iets persoonlijks. Toen ik me bijvoorbeeld voorbereidde op een recente operatie, ging ik door een van mijn "engel" boeken met gebeden erin en schreef ze op om fysieke genezing te vergemakkelijken. Of ik zou iets eenvoudigs kunnen toezeggen:

Vandaag, ongeacht wat er gebeurt, ga ik dankbaar zijn.

Vandaag, ongeacht wat er gebeurt, ga ik kwetsbaar zijn.

Vandaag, ongeacht wat er gebeurt, ga ik ademhalen elke keer dat ik gefrustreerd raak.

Ik heb een andere oefening wanneer ik het gevoel heb dat ik op het punt sta de controle te verliezen door te veel suiker te eten om mezelf weer bewust te maken van het laten voelen van mijn lichaam. Ik plaats mijn hand op mijn thymus en schaambeen, sluit mijn ogen en adem. Dan vraag ik: "Lisa, wat mis je?" Of "Wat heb je tekort?" Het antwoord dat meestal komt, is iets over het verliezen, missen of tekortkomen van mezelf. Verlangen afgewend. Eer geactiveerd.

Andere activiteiten kunnen zijn:

1. Dagelijkse reflecties lezen
2. Een engel- of energiekaart kiezen
3. Dagboek schrijven
4. Vragen stellen:

Lichaam, wat zou je vandaag willen [dragen, doen, eten, aan deelnemen]?

Wat zou mijn hart vandaag laten zingen?

Als ik dit kies, wat zal dit creëren?

Creëert dit het leven dat ik wil?

Waarom doe ik zaken?

Wat zou ik willen kiezen en wie zou ik vandaag willen zijn?

Het belangrijkste is om niet te stoppen met vragen stellen.

Nieuwsgierigheid heeft zijn eigen bestaansreden.

—*ALBERT EINSTEIN*

Wat ik ook kies om te creëren, of wanneer ik iets vraag, ik eindig het altijd met mijn favoriete zin: "Ik weet niet hoe... ik weet dat het zal zijn." Ik gebruik het voor alles. Als ik iemand nodig heb om een positie in mijn bedrijf te vullen, of als ik drie nieuwe klanten of meer geld wil binnenhalen, voeg ik misschien toe: "Dit komt naar me met totaal gemak. Universum, laat het me zien. Ik ben dankbaar en vervuld. En zo is het." En het komt altijd.

Je kunt je eigen 1° Shift™-praktijken creëren voor welzijn of radicaal levend zijn. Het kan zo eenvoudig zijn als op het balkon zitten en van de zon genieten. Het belangrijkste is om een praktijk te hebben die voor jou werkt en deze te laten veranderen naarmate jij verandert — een dagelijkse praktijk — om in te checken met je lichaam en te realiseren wat je die dag wilt focussen of creëren. We hebben de neiging om dingen te vergeten, dus herhaling en actie zullen je helpen de vier C's te onthouden — Kiezen, Committeren, Samenwerken, Creëren. Elke ochtend kies ik eerst voor mezelf. Ik committeer me daaraan elke ochtend, en het universum werkt met mij samen en creëert het voor mij en met mij, en ik doe het voor mezelf. Dan ben ik klaar om de rest van de dag aan mijn werk te gaan. Ik ben nooit een slachtoffer, altijd een creator en een bewuste creator met mijn geweldige lichaam van verandering.

2. DE UNIVERSUMDOOS

We hoeven niet alles zelf te "doen", en deze praktijk herinnert ons daaraan. Op zijn minst kan het je uit de modus van overdenken of overplannen houden. Wonderen gebeuren echt en, ja, soms is het genoeg om te vragen. Waarom zou je het universum niet met je laten samenwerken?

· · ·

Voor deze 1° Shift™ schrijf je op wat je wilt creëren of verlangen en stop je het papier in je Universumdoos. Ik denk erover als een sudderende ketel. Je weet dat het aan het koken is en alleen af en toe roeren nodig heeft. Ik geef mijn verlangen energie, wetende dat het erin zit, maar ik lees het niet of besteed er elke dag aandacht aan. Ik weet niet wanneer het zal verschijnen, maar ik weet dat het zal gebeuren.

3. HET LOSLATEN VAN ANDERMANS ENERGIEËN

Ga vijf tot vijftien minuten rustig zitten en overweeg de volgende vragen:

Welke overtuigingen ben ik klaar om los te laten?

Welke oordelen over mijn lichaam hebben hun tijd gehad?

Welke persoonlijkheid ben ik geworden die niet mijn waarheid is?

Verontschuldig je dan aan je lichaam voor het overnemen van andermans energie en het niet luisteren naar je eigen lichaam. Je kunt ook een brief aan je lichaam schrijven en deze vervolgens verbranden of voorlezen aan een vriend die je niet zal veroordelen. Of maak een wandeling in het bos en schreeuw uit volle borst dat je niet langer anderen de controle over je lichaam laat overnemen. Laat het los op welke manier voor je goed voelt. Begin gewoon waar je nu bent en begin vandaag. Sluit de achterdeur, zet een paal in de grond en zeg: "Nee. Ik ga nee zeggen."

4. VIND DE DANKBAARHEID

Ik hou van verschuivingen van dankbaarheid. Een favoriet is om iemand—een partner, een vriend, zelfs een kennis—drie dingen te vertellen waarvoor je dankbaar bent. Het is een prachtige manier om je dag af te sluiten en, vooral met een echtgenoot of partner, kan het je met elkaar en met de grotere wereld verbinden.

Een ander ritueel is om erkenning te geven en dankbaar te zijn voor de keuzes die je hebt gemaakt, waarbij je eerder bevroren was of iets in je lichaam vasthield, en nu ben je vrij. Ik begin hiermee door in mijn lichaam te ademen en er dank je wel tegen te zeggen, waardoor het me bewustzijn geeft van iets waarvoor ik dankbaar ben. Omdat er altijd een geschenk is onder het vasthouden, de tragedie, het trauma, de sabotage, de beperking of de pijn, kun je je lichaam ook direct vragen:

Wat is het beste deel hiervan?

Wat is het geschenk hierin?

Wat maakt het zo waardevol?

Wat geeft het mij?

Wat leert het mij?

Wat leer ik?

Erken dan dat het klaar is en dat je anders hebt gekozen. Bedank je lichaam voor het bewustzijn en bedank de mensen en spelers voor hun rol in die les. Je hoeft niet langer in de les te blijven. Eer je ervaring. Wees dankbaar, maak een één-graden verschuiving en ga verder.

5. ALS JE LICHAAM ZOU KUNNEN SPREKEN: DAGBOEKSCHRIJVEN

Bij de meeste dagboekpraktijken gaat het allemaal om jou. Maar in dit ritueel gaat het om je lichaam, dus laat je lichaam praten. Wat zou je lichaam zeggen? Dat is wat je wilt ontdekken. Schrijven vanuit het gezichtspunt van je lichaam, in plaats van te schrijven: "Ik haat mijn lichaam," zou je schrijven: "Mijn lichaam haat [vul in wat van toepassing is]." Om te beginnen, vind ik het nuttig om te starten met schrijven: "Als mijn lichaam zou kunnen spreken, zou het zeggen..." en dan gewoon laten stromen.

Als mijn lichaam zou kunnen spreken, zou het zeggen...

Ik ben boos op je omdat je me volpropt met eten.

Ik ben boos op je omdat je me niet genoeg water geeft.

Ik ben boos op je omdat je seks hebt met die persoon die je vreselijk behandelt.

Ik ben boos op je omdat je in die relatie blijft terwijl ik je heb gezegd dat ik me niet goed voel bij deze persoon.

6. DE ENERGIE BEWEGEN

Ik merk dat wanneer ik in een slechte bui ben en twijfels door mijn hoofd spoken, mijn lichaam zwaarder, dicht en opgeblazen aanvoelt. Als ik een idee heb en er niets mee doe, raakt mijn lichaam opgeblazen. Aan de andere kant, als ik er iets mee doe, lijkt mijn lichaam slanker en minder opgeblazen. Vet is energie die tegen ons wordt gebruikt. Het slaat onze beperkingen op en creëert de dichtheid en zwaarte in het lichaam, wat ervoor zorgt dat onze geest zich tegen ons lichaam keert. Dus hoewel bijna elk ritueel van onderzoek naar wat er gaande is je energie zal verschuiven, heeft je lichaam soms pure beweging nodig en wil het die ook — fysieke beweging. Dit kan variëren van een wandelmeditatie tot yoga of krachttraining. Het belangrijkste is hier te erkennen dat, hoe je de energie ook beweegt, intern of extern, in het heden komen de kracht heeft om diepgaande veranderingen teweeg te brengen. Het is een bijkomend voordeel dat het gewicht van je lichaam vaak ook verandert.

Naarmate je je bewust wordt van je lichaam, verwacht dan dat dingen veranderen. Verwacht dat wat je wenst verandert. Verwacht dat wat je eet verandert. Verwacht dat waar je je mee bezighoudt verandert. Verwacht dat alles verandert. Want dat is het hele punt. Je verandert. Dus besluit om los te laten en te veranderen en laat je lichaam van verandering zijn.

OEFENINGEN

Een van de doelen van dit hoofdstuk is om praktijken aan te bieden die je kunt integreren in je eigen leven en in je eigen lichaam. Hier is een overzicht van suggesties om uit te voeren als "oefeningen":

1. Implementeer je eigen praktijk van een Creation Station™. Dit kan een dagelijks moment zijn voor het lezen van inspirerende kaarten of boekpassages en vervolgens hierover schrijven in je dagboek om je geest leeg te maken en je denken te heroriënteren.

2. Richt je eigen Universumdoos in. Je kunt het noemen zoals je wilt. Misschien kies je ervoor om het op een manier te decoreren die je aanspreekt. Maak kleine kaartjes en stop ze in de doos terwijl je visualiseert wat je in je leven wilt manifesteren. Dit kan een nieuwe carrière zijn, het beginnen van een relatie, het loslaten

van woede jegens iemand in je leven, en de lijst is eindeloos. De Universumdoos is jouw privé-kanaal om je wensen met het universum te delen.

3. Identificeer de gevoelens in je lichaam die aangeven dat je de problemen of negatieve energie van anderen op je neemt. Leer die gevoelens te herkennen en creëer een proces om jezelf daarvan te bevrijden. Als je lichaam gespannen raakt en willekeurige pijnen en kwalen verschijnen, kan je praktijk bestaan uit naar een rustige plek gaan, je ogen sluiten en een uitspraak of mantra herhalen om jezelf eraan te herinneren dat je hun problemen niet hoeft over te nemen. Diep ademhalen en stretchen kunnen ook deel uitmaken van je ritueel, en bij een sterke uitademing visualiseer je de negatieve energie die je lichaam verlaat.

4. Omarm dagelijkse dankbaarheid. Een kalender met een week over twee pagina's kan een geweldige manier zijn om elke dag minstens drie dingen op te schrijven waarvoor je dankbaar bent. Het gebruik van een kalender helpt je bij te houden dat je dit proces elke dag voltooit, en je zult het nuttig vinden om je eerdere dankbaarheid opnieuw te lezen.

5. Schrijf in je dagboek met de uitspraak "Als mijn lichaam zou kunnen spreken, zou het zeggen..."

Dit type dagboekschrijven helpt je opnieuw te verbinden met wat je lichaam voelt in plaats van de boodschappen te negeren die het probeert te sturen.

6. Creëer een praktijk van fysieke beweging om energie vrij te maken. Dit kan een wandeling buiten zijn, dansen in je woonkamer of een kussen slaan. Geef jezelf elke dag toestemming om de negativiteit die zich in je lichaam ophoopt los te laten.

7. Zeg deze drie uitspraken meerdere keren per dag hardop:

8. Goed gedaan, jij! Goed gedaan, Lichaam!

9. Jullie zijn allebei geweldig!

10. Nu, jullie beiden, GA WEES GEWELDIG!

HOOFDSTUK 6: DE SLEUTEL TOT GENEZING

Elke LICHAAM heeft een andere routekaart, en door intiem te worden met wat ons eigen lichaam vraagt, ontsluiten we onze innerlijke arts. Het is door dit niveau van voeding in ons dagelijks leven dat regeneratie van cellen zich vermenigvuldigt.

— GAY HENDRICKS

Ernest Holmes, een leider van de New Thought-beweging en oprichter van Religious Science, schreef in zijn klassieke werk, The Science of Mind, dat de "basisdefinitie van genezen is 'verzorgd worden.'" Hij stelt: "Zolang elke cel leeft, wat betekent zolang een persoon leeft, reageren de cellen van het lichaam op zorg." Zo'n eenvoudig idee, maar toch zijn we op de een of andere manier een samenleving geworden die terugdeinst voor het woord "genezing." Als we echter beter zouden begrijpen wat "zorg" betekent en het op onszelf zouden toepassen, zouden we veel dichter bij de waarheid van genezing komen.

Ik heb een plant op mijn bureau staan. Het is de enige plant die ik ooit in leven heb kunnen houden. In het eerste jaar dat ik AA bijwoonde, zeiden ze dat je planten moest nemen en kijken of je ze in leven kon houden, dan een puppy, en daarna een relatie. Zie je de trend? Waarom? Omdat je leert hoe je met jezelf moet omgaan. Je leert voor het eerst hoe je met jezelf moet zijn, zonder de oplossing, de drugs, de alcohol, of wat dan ook. Je begint met een relatie met de plant. Je moet er aandacht aan besteden. Je moet hem water geven. Je moet hem snoeien. Je moet de dode bladeren afknippen. Wanneer je alcohol of drugs of iets anders gebruikt om jezelf te verdoven, let je nergens op. Je bevindt je in een heel andere wereld. En je bent zo erg zelfgericht en narcistisch met crisis na crisis, constant brandjes aan het blussen.

Bij het verzorgen van mijn plant ontdekte ik dat er wetenschappelijk onderzoek is dat als je tegen planten praat, ze langer leven. Ik besloot, *waarom niet tegen mijn lichaam praten?* Dus begon ik gesprekken met mijn lichaam te voeren. Als ik thuis was, zette ik de muziek uit en was gewoon bij mezelf, of onderweg naar mijn werk in de auto deed ik alsof mijn lichaam op de stoel naast me zat en vroeg: "Hoe gaat het met je?" Het effect was diepgaand. Deze eenvoudige, maar directe vraagstelling begon de soliditeit van mijn wereld te doorbreken die me scheidde van mijn lichaam en me niet op vriendelijke voet stelde.

VRIENDEN WORDEN MET JEZELF

Het lichaam van verandering is echt de energie van jezelf liefhebben, een goede vriend voor jezelf zijn, jezelf verwijderen van elke andere psychische energetische realiteit die zegt: "Als je dit hebt [certificering, training, geld, prestatie, erkenning, of behoort tot deze groep, vul in wat van toepassing is], betekent dat dat je goed en gewaardeerd bent." Het maakt niet uit welke veranderingen je aanbrengt als je nog steeds een programma op de achtergrond hebt draaien en je jezelf niet waardeert of gelooft dat je het verdient en waardig bent. Totdat die programma's veranderen, ben je de energie van die onwaardigheid, of je het nu weet of niet. Het is alsof je een fysieke structuur in je lichaam hebt genaamd: "Ik verdien het niet." En dat is precies wat aan je weerspiegeld zal worden in al je relaties. En niets zal die fundamentele realiteit veranderen — niets wat iemand zegt of doet, geen hoeveelheid onderwijs, training, of licenties, geen hoeveelheid geld, niets zal dat veranderen als je deze fundamentele overtuiging over jezelf niet verandert.

Op een gegeven moment bereik je het punt waarop je een zekere mate van respect en consideratie voor jezelf moet hebben. De manier waarop je jezelf beschouwt, bepaalt de manier waarop je de wereld confronteert en hoe die op jou reageert. In veel spirituele teksten wordt je aangespoord om anderen leuk te vinden zoals je jezelf leuk vindt. Dus hoeveel hou je eigenlijk van wat je bent? Ik herinner me dat mijn neef Johnnie, die drie jaar eerder dan ik voor soberheid koos, tegen me zei (je moet je dit voorstellen met een dik New Jersey, Tony Soprano accent), "Lisa, wat je ook doet, wees gewoon een goede vriend voor jezelf. En dat is alles." Ik wist niet eens wat dat betekende. Ik had geen idee hoe, dus ik begon simpelweg door mezelf dit soort vragen te stellen over alles wat ik deed:

1. *Is dit een goede vriend voor mezelf zijn?*
2. *Als ik dit eet, is dat dan een goede vriend voor mezelf zijn?*
3. *Als ik niet naar de sportschool ga, is dat dan een goede vriend voor mezelf zijn?*
4. *Als ik met deze persoon omga, is dat dan een goede vriend voor mezelf zijn?*
5. *Als ik met deze persoon date, is dat dan een goede vriend voor mezelf zijn?*

6. *Als ik een puppy neem, is dat dan een goede vriend voor mezelf zijn?*

7. *Als ik een plant neem, is dat dan een goede vriend voor mezelf zijn?*

8. *Wil ik dit echt blijven doen? Is dat een goede vriend voor mezelf zijn?*

Het is zo gemakkelijk voor ons om te denken: *oh, dat vind ik leuk. Oh, en dat vind ik ook leuk.* Maar jezelf vragen of je jezelf leuk vindt? Dat is moeilijker. Ik had geen referentiepunt daarvoor. Ik was afhankelijk van de mening van anderen om mijn waarde te bepalen. Op deze manier jezelf voortdurend bevragen helpt om het voor je uit te zetten zodat je het duidelijker kunt zien. Je kunt ernaar kijken vanuit een perspectief dat je waardeert. Als je het belangrijk vindt om jezelf leuk te vinden, zelfs als je jezelf nog nooit leuk hebt gevonden, kun je een nieuwe keuze maken en weten dat het dingen zal veranderen.

In het begin is het een goed idee om constant vragen te stellen, over alles wat je doet of overweegt, zelfs op het meest alledaagse niveau. Bijvoorbeeld, ik kook niet. Het is niet mijn ding om de keuken in te gaan en iets voor mezelf te maken. Ik hou ervan dat mensen die van koken houden maaltijden voor me bereiden die mijn lichaam lekker vindt, zodat het in de koelkast op me wacht. Alles wat ik wil doen, is het opwarmen. In het verleden lette ik niet op en at ik wat er maar beschikbaar was. Ik zorgde niet goed genoeg voor mezelf om te geven wat mijn lichaam nodig had om me te ondersteunen en te onderhouden. Eten werd aan het toeval overgelaten, en al snel zou ik junkfood eten en er geen rekening mee houden.

Zodra je succes begint te boeken, wordt het duidelijker wat je wilt. Je begint te weten wat een goede vriend voor jezelf zijn wel en niet is. Enige tijd geleden had ik een persoonlijke assistent/persoonlijke kok die veel plezier bracht, maar ze dronk ook en vergat dingen. Wanneer ze dingen vergat, werd ze irrationeel. In mijn hoofd dacht ik: *ik ken dat gedrag. Ik weet waar het vandaan komt. Ik hou echt van deze persoon. We hebben zoveel plezier samen en ik hou van haar eten.* Dus ik hield haar nog een tijdje aan totdat het echt ondraaglijk voor me werd. Ik realiseerde me dat ik geen goede vriend voor mezelf was.

Ik maakte de verandering en liet haar gaan. Zelfs daarna was ik geneigd haar terug te brengen "gewoon voor een maand of twee totdat ik iemand vind." Maar wanneer ik zou vragen: "Ben je een goede vriend voor jezelf?" zou ik de energie in mijn lichaam voelen, die voelde als, "Nee, absoluut niet, ga niet terug." De vraag werd bewustzijn in mijn lichaam en mijn lichaam informeerde me wat te doen. Natuurlijk argumenteerde mijn geest terug, "Oh God, ik mis haar," waarop ik zou zeggen, "Het lijkt goed, maar nee, je weet hoe het zal eindigen, je weet wat het zal zijn." Doe het niet. Ga gewoon verder en maak die 1º Shift™! *Ik weet niet hoe... ik weet dat het zal zijn. Universum, laat het me zien...*

Toen ik begon van mezelf te houden

Toen ik begon van mezelf te houden, ontdekte ik dat angst
en emotioneel lijden
alleen waarschuwingssignalen zijn dat ik tegen mijn
eigen waarheid in leefde.
Vandaag weet ik, dit is AUTHENTICITEIT.
Toen ik begon van mezelf te houden, begreep ik hoeveel
het iemand kan beledigen
als ik mijn verlangens aan die persoon probeer op te
dringen, zelfs als ik wist dat de tijd
niet rijp was en de persoon er niet klaar voor was,
en zelfs als die persoon ikzelf was.
Vandaag noem ik het RESPECT.
Toen ik begon van mezelf te houden, stopte ik met
verlangen naar een ander leven,
en ik kon zien dat alles om me heen
mij uitnodigde om te groeien.
Vandaag noem ik het VOLWASSENHEID.
Toen ik begon van mezelf te houden, begreep ik dat ik
onder alle omstandigheden
op de juiste plaats en op het juiste moment ben,
en dat alles precies op het juiste moment gebeurt.

Dus kon ik rustig zijn.
Vandaag noem ik het ZELFVERTROUWEN.
Toen ik begon van mezelf te houden, stopte ik met het
stelen van mijn eigen tijd,
en stopte ik met het ontwerpen van enorme projecten
voor de toekomst.
Vandaag doe ik alleen wat vreugde en geluk brengt,
dingen die ik graag doe en die mijn hart laten juichen,
en ik doe ze op mijn eigen manier en in mijn eigen tempo.
Vandaag noem ik het EENVOUD.
Toen ik begon van mezelf te houden, bevrijdde ik mezelf
van alles wat niet goed is voor
mijn gezondheid – voedsel, mensen, dingen, situaties,
en alles wat mij naar beneden trok en weg van mezelf.
In het begin noemde ik deze houding een gezond egoïsme.
Vandaag weet ik dat het LIEFDE VOOR JEZELF is.
Toen ik begon van mezelf te houden, stopte ik met altijd
gelijk willen hebben,
en sindsdien heb ik minder vaak ongelijk.
Vandaag heb ik ontdekt dat dit NEDERIGHEID is.
Toen ik begon van mezelf te houden, weigerde ik te
blijven leven in het verleden
en me zorgen te maken over de toekomst.
Nu leef ik alleen voor het moment, waar ALLES gebeurt.
Vandaag leef ik elke dag, dag voor dag, en noem ik het
VERVULLING.
Toen ik begon van mezelf te houden, erkende ik dat mijn
geest mij kan verstoren,

en mij ziek kan maken. Maar toen ik mijn geest met mijn
hart verbond,
werd mijn geest een waardevolle bondgenoot.
Vandaag noem ik deze verbinding WIJSHEID VAN HET
HART.
We hoeven niet langer bang te zijn voor argumenten,
confrontaties of
allerlei problemen met onszelf of anderen.
Zelfs sterren botsen, en uit hun botsingen worden nieuwe
werelden geboren.
Vandaag weet ik DAT IS HET LEVEN!

(Deze tekst is toegeschreven aan Charlie Chaplin, maar
dit is niet bevestigd.)

Wat essentieel is om te begrijpen, is dat de meest diepgaande terugkeer naar jezelf komt door het helen van je relatie met jezelf en anderen. Om dat te doen, moet je het vermogen ontwikkelen om onderscheid te maken en te bepalen wat van jou is en wat van hen is — wat intern en wat extern is. Het heeft me lang gekost om mijn relatie met mijn moeder te ontrafelen en dat deel van mezelf terug te vinden. Als kind kreeg ik van haar alleen aanrakingen in de vorm van slaag en verbale aanvallen. En haar haat, de kunstmatige liefde.

Maar kinderen gaan voor wat ze nodig hebben. En mijn overleving was gebaseerd op het hebben van de liefde van mijn moeder door "arme Lisa" te zijn, alles fout te doen en uit de klas gestuurd te worden. Ik gaf haar wat ze wilde om wat aandacht te krijgen, en de aandacht die ik kreeg was een klap, een slag, een pak slaag. Dat was alles wat ze me kon geven. Ik was een behoorlijk slim kind onder die omstandigheden. Dat was de manier waarop ik het toen moest doen.

Compassie voor mezelf is de meest krachtige genezer van allemaal.

— *THEODORE ISAAC RUBIN*

Zelfcompassie is een vorm van zelfliefde. Ongeacht welke veranderingen je aanbrengt, of hoeveel tips, trucs of vaardigheden je hebt — zelfs in mijn geval psychologische vaardigheden — betekent dat niet dat je jezelf leuk vindt. Maar aan het eind van de dag is dat de bepalende factor. Als je het programma, de tape die op de achtergrond afspeelt, van niet van jezelf houden of jezelf niet waarderen hebt, zal het leven als een strijd aanvoelen. Je wordt de energie van dat zonder het zelfs maar te weten. En het wordt de fysieke structuur die je lichaam wordt genoemd.

In het begin kost het moeite om jezelf de vraag te stellen: "Als ik dit doe, is dat dan een goede vriend voor mezelf zijn?" omdat je nog geen neurale paden in je hersenen hebt gelegd. Of het voelt misschien ongemakkelijk of vreemd. Maar uiteindelijk neemt de gewoonte het over, en je zult successen beginnen te boeken. Je zult beginnen te weten wat je wilt en wat een goede vriend zijn betekent. De vraag wordt geïntegreerd en verplaatst zich naar het bewustzijn in je lichaam. Je hoeft het niet eens meer te vragen of erover na te denken. Dit nieuwe idee wordt gewoon je leven.

Bijvoorbeeld, toen ik dit werk deed, viel ik enorm veel af zonder te diëten of te proberen. Ik stopte met verlangen naar of het begeren van voedsel dat niet goed voor me was. Ik wilde sporten. Je lichaam zal navigeren en je vertellen dat het iets anders is geworden. Je wordt het gewoon. Het is moeilijk in het begin omdat je afleert wat je nooit hebt geleerd en waarvan je je niet bewust was. Maar zodra je je bewust wordt van wat goed voor je is, die vriend zijn die je gelukkig maakt, en voor jezelf kiest, zul je die kracht in jezelf beginnen op te bouwen om jezelf te vertrouwen.

Wanneer je leeft in het besef dat zelfliefde in het hart van je ware natuur ligt, zul je nooit eenzaam zijn... en je zult nooit meer alleen zijn.

OEFENING

1.Begin elke ochtend met jezelf de vraag te stellen: "Wat zal ik vandaag doen dat een goede vriend voor mezelf is?"

2. Wanneer je voor keuzes staat of onzekerheid voelt bij het nemen van een beslissing, vraag jezelf dan af: "Als ik dit doe, is dat dan een goede vriend voor mezelf zijn?"

3. Als je tegen jezelf praat, vraag jezelf dan af: "Is dit hoe ik tegen een vriend in nood zou praten?"

HOOFDSTUK 7: HERVERBINDING EN HEELHEID

"De kunst van innerlijke lichaamsbewustzijn zal zich
ontwikkelen tot een geheel nieuwe manier van leven,
een staat van permanente verbondenheid met het zijn
en zal een diepte aan je leven toevoegen die je nooit
eerder hebt gekend."

— ECKHART TOLLE

Stel je voor dat je wakker wordt met een sprongetje in je stap, blij om te leven en klaar om te zien wat de dag nog meer te bieden heeft. Van begin tot eind is je dag vol keuze, gebaseerd op je verlangens. En vanuit die verlangens is alles mogelijk omdat je de mogelijkheid belichaamt. Je bent een generatieve en creatieve magneet. Mensen houden ervan om bij je in de buurt te zijn. Je verandert de energie van alles om je heen door gewoon jezelf te zijn. Je relaties zijn gebaseerd op gemeenschap, in harmonie. Ze zijn *leuk, gemakkelijk,* vreugdevol en wederzijds. Je lichaam is gezond en sprankelend levendig. Je bent energiek. Je hebt een speciale gloed over je. Je bedrijf bloeit en je medewerkers lachen en sluiten zich bij je aan in wat je ook creëert. Het leven is een vrolijk avontuur. Lachen en lichtheid doordringen je lichaam. Je bent verbaasd om zo'n verbintenis met jezelf te voelen. Mensen vragen je wat je hebt gedaan om te veranderen en je antwoordt: "Ik koos voor mezelf. Ik committeerde me aan mezelf. Ik werkte samen met het universum en liet het reageren, en ik creëerde wat ik wist dat mogelijk was."

Dit beschrijft het leven dat op je wacht om het te kiezen. En al je tegenslagen en pijnen, je tragedies en trauma's, al je lijden, zijn eigenlijk je mogelijkheden om in contact te komen met het bewustzijn van wie je bent. Wanneer je je realiteit kunt verkennen en de onderliggende overtuigingen kunt loslaten die die realiteit ondersteunen, opent zich een geheel nieuwe wereld met nieuwe manieren om vooruit te komen naar alles wat je verlangt. Plotseling wat nooit een oplossing had, heeft oneindige oplossingen. Wat je altijd heeft gekweld, is verdwenen. Dat wil niet zeggen dat het niet terug kan komen, maar het zal niet op dezelfde manier terugkomen. Jij en je lichaam zijn degenen die ervoor kiezen om te veranderen en je volledig te committeren aan je 1º Shifts™.

Wat er ook op dit moment naar boven komt dat je gek maakt, is iets over een beslissing uit het verleden die je hebt genomen. Alleen jij kunt jezelf "ont-gek" maken. Jij bent de sleutel om het te ontgrendelen zodat je verder kunt gaan met je leven, radicaal levend met dat sprongetje in je stap. En het begint met in je lichaam en je bewustzijn te komen. Wanneer je jezelf bevrijdt uit de kooi van het onbewuste zelf, van onbewuste overtuigingen, verlaat ongemak je lichaam. Alle cellen in je lichaam worden gezonder. Diepe verandering kan letterlijk je lichaam structureel veranderen, zelfs je botten — omdat elke gedachte van oordeel die je over jezelf hebt gehad en die zich rond je cellulaire skeletstructuur heeft gewikkeld, wegvalt. Wat je denkt, vormt je lichaam.

Je bent een lichaam van verandering. Je lichaam is een geschenk dat de mogelijkheid biedt van grenzeloos leven. Elke dag kunnen jij en je lichaam veranderen, en het kost maar één keuze om die verandering teweeg te brengen, een 1º Shift™ — om in gemeenschap en gesprek met je lichaam te zijn. Het is tijd om de schittering van jezelf als wezen, een zielafdruk met een unieke spirituele handtekening, te erkennen, en je kunt je lichaam vragen om de schittering en schoonheid daarvan te creëren en te evenaren.

De menselijke geest kent geen grenzen. De enige beper-king tot grootsheid is jezelf nee zeggen.

— JAMES LAWRENCE, THE "IRON COWBOY"

Vrijheid is een functie van je overtuigingen. Op het moment dat je de overtuigingen ontdekt die je op je plek houden, zul je onmiddellijk bevrijd worden — hoewel het bereiken van de waarheid vraagt om kiezen, committeren, samenwerken en creëren. En je hoeft niet te weten hoe in het begin. *Ik weet niet hoe... ik weet dat het zal zijn.* Vertrouw erop dat de weg zich ontvouwt terwijl je vooruitgaat. Er is bevrijding in het loslaten - het wordt plezier en het avontuur van een lichaam hebben genoemd.

Zodra je jezelf vertrouwt, weet je hoe je moet leven.

— GOETHE

Soms is het moeilijkste om te veranderen het omarmen van je vreugde. Omarmen dat alles goed is. Omarmen van de successen. Omarmen van geen problemen. Omarmen van de schoonheid van je eigen zielafdruk. Hoeveel werk je ook doet, je moet leren leven als jezelf. Geen krukken, alleen jij — rauw en echt. Het kan vreemd aanvoelen. Je kunt je naakt voelen. Maar je zult je ook goed voelen. Sommige van je vrienden zullen je leuk vinden, en sommige niet. Mensen kunnen weggaan, en je zult er beter van worden. Naarmate je meer in lijn komt met je zielafdruk, zal je wereld dat aan je terug weerspiegelen. In het begin ervaren we onszelf als afzonderlijk en zien we ons lichaam als afzonderlijk, maar in werkelijkheid zijn we verbonden.

We hoeven onvoorwaardelijke aanwezigheid niet te creëren omdat het er al is, zoals de zon achter de wolken van onze drukke geest. Hoewel we zwemmen in deze zee van puur bewustzijn, moeten we ons bewust zijn van onze drukke geest die constant van eiland naar eiland hoopt, van gedachte naar gedachte, springend over en door dit bewustzijn, dat zijn grond is, zonder daar ooit tot rust te komen.

— DR. JOHN WELWOOD

De wezenlijke jij kan nooit gebroken worden. Onze zielsafdruk en de mogelijkheid van radicaal leven zit in ieder van ons, in ons wezen, maar het vereist dat we onze energie en bewustzijn afstemmen. We erkennen de mogelijkheid, maar begrijpen tegelijkertijd dat we niet gemakkelijk veranderen, en dat zou ook niet moeten. Dit werk heeft de capaciteit om je te vervullen en te energiseren om creatiever te zijn dan je ooit had kunnen voorstellen. Wanneer je de draad van het heden naar het verleden vindt en deze verandert, en jezelf in het proces bevrijdt van de tirannie van lang gekoesterde onbewuste overtuigingen, ben je volledig aanwezig en belichaamd. Elke deeltje energie in je lichaam is vrij. Zo leven we radicaal levend, van probleem naar mogelijkheid.

Dat is jouw lichaam van verandering. De opeenstapeling van honderden, duizenden, miljoenen en miljarden en daarbuiten 1º Shifts™ elke dag. Dit creëert je leven, je zijn, je lichaam, intern en extern, congruent en radicaal levend. Je lichaam leidt nu je weten met gemak.

Oefen nu dit: (hoe meer je dit doet, hoe meer aanwezigheid je met je lichaam zult hebben)

Sluit je ogen

Plaats je hand op je thymus en schaambeen

Adem door je mond, voel je voeten op de vloer, je rug in de stoel, en je handen op je lichaam

Breid uit en raak de vier hoeken van de kamer waarin je je bevindt, waarbij je je voeten op de vloer voelt.

Breid uit naar de vier hoeken van de stad waarin je je bevindt.

Breid uit naar de vier hoeken van de staat waarin je je bevindt.

Breid uit naar de vier hoeken van het land waarin je je bevindt.

Breid uit naar de vier hoeken van de aarde, alsof er vier hoeken aan de aarde zijn.

Breid uit naar de vier hoeken, als die er waren, van het universum...

Kijk terug naar je lichaam.

Vraag drie moleculen om naar voren te komen en de polariteit van deze moleculen te veranderen naar wat je hebt veranderd door het lezen van dit boek. Het is energetisch. Laat het gaan.

Vraag nu drie extra moleculen om naar voren te komen en het "gewicht" van wat je onbewust was los te laten. Het is energetisch. Laat het stromen.

Vraag nu drie extra moleculen om de polariteit te veranderen en die moleculen om te vormen tot het lichaam van verandering dat je nu bent. Het is energetisch. Laat jezelf zijn.

Herhaal zo vaak als je lichaam verlangt.

Zeg hardop:

"Ik ben veranderd!"

"Ik weet dat ik ben veranderd!"

"Ik weet dat ik ben veranderd omdat mijn lichaam een LICHAAM van verandering is."

"Dank je, Lichaam."

"Dank je, Universum."

"Dank je, Ikzelf."

"Ik ben, VRIJ."

Als niemand je lichaam vandaag heeft verteld dat het geliefd, aanbeden, gekoesterd, geëerd en gerespecteerd wordt, is het nu zo! Je bent het nu verteld!

Als niemand *je* vandaag heeft verteld dat ze *van je houden*, ik doe het!

Ik weet niet hoe... ik weet dat het zal zijn.

Ik ben dankbaar en vervuld, en zo is het!

Ga en WEES geweldig!

DANKBETUIGINGEN

Mi amor, de liefde die je elke dag deelt en geeft, maakt alles mogelijk. Mijn liefde voor jou is para siempre! Onze lichamen dansen de symfonie van geliefd, aanbeden, gekoesterd, geëerd en gerespecteerd worden. De liefde die je me hebt geschonken gaat boven woorden uit en onze verbinding overbrugt dimensies, levens en realiteiten. Ik ben super vereerd om deze reis met jou te maken. Jij en de kinderen en familie zijn mijn kostbare lading en vullen me met zoveel vreugde en geluk om deel uit te maken van het geheel. Jouw liefde en authentieke goedheid hebben mijn ware hart, geest, ziel en lichaam opgewekt. Ik ben elke dag dankbaar dat God jou op mijn pad heeft gebracht en ik heb ja gezegd. Beste keuze ooit.

HET LICHAAM VAN VERANDERING: WERKBOEK

INTRODUCTIE

Dit werkboek is je metgezel op een transformerende reis van zelfontdekking. Elke oefening is zorgvuldig ontworpen om je verbinding met je innerlijke zelf te verdiepen, je te helpen barrières te doorbreken en je unieke pad naar heelheid te omarmen. Neem de tijd voor elke sectie, reflecteer diepgaand, en onthoud: dit werkboek is jouw persoonlijke toevluchtsoord voor groei en verkenning.

HET ONTDEKKEN VAN JOUW ZIELSPOOR

OEFENING: ZIELREFLECTIE

Doel: Identificeer en verwoord jouw unieke spirituele handtekening.

INSTRUCTIES:

Voorbereiding:

Zoek een rustige plek waar je niet gestoord wordt. Ga comfortabel zitten, sluit je ogen en breng je aandacht naar je ademhaling. Adem diep in, adem volledig uit, en laat met elke ademhaling spanning los.

Meditatie:

Breng 10 minuten door met mediteren, waarbij je je uitsluitend concentreert op je ademhaling. Wanneer gedachten opkomen, breng je aandacht rustig terug naar je ademhaling. Laat je gedachten afdwalen naar momenten in je leven waarop je je levendig en verbonden voelde met iets groters dan jezelf.

Reflectie:

Na je meditatie, open je je ogen en reflecteer je op die momenten. Schrijf minstens drie ervaringen op die met je resoneren—momenten van diepe vreugde, vrede of verbondenheid.

Verbinden met jezelf:

Verken voor elke ervaring hoe deze zich verhoudt tot je gevoel van zelf en je levensdoel. Wat onthullen deze momenten over je ware aard en de unieke spirituele handtekening die je draagt?

Reflectieruimte:

(Jouw gedachten en reflecties komen hier)

HET IDENTIFICEREN VAN OBSTAKELS

OEFENING: SCHRIJF JE OBSTAKELS OP

Doel: Herken afleidingen en barrières voor je creativiteit.

INSTRUCTIES:

Zelfevaluatie:

Neem even de tijd om na te denken over wat je tegenhoudt. Welke terugkerende gedachten, overtuigingen of externe factoren belemmeren je voortgang of creatieve expressie?

Maak een lijst van je barrières:

Maak een uitgebreide lijst van deze obstakels, van interne uitdagingen zoals zelfkritiek of angst voor falen tot externe druk zoals tijdsgebrek of maatschappelijke verwachtingen.

Reflectie over de impact:

Schrijf voor elk obstakel een korte reflectie over hoe dit je leven beïnvloedt. Denk na over hoe het zich manifesteert in je dagelijkse routines, besluitvormingsprocessen en relaties.

Actieplan:

Kies één obstakel om je deze week op te richten. Schrijf specifieke stappen op om dit obstakel te overwinnen of de invloed ervan te verminderen—dit kan het veranderen van een gewoonte zijn, het zoeken van steun of het herzien van je manier van denken.

Follow-up:

Aan het einde van de week kijk je terug op het gekozen obstakel. Reflecteer op de voortgang die je hebt geboekt en de inzichten die je hebt opgedaan.

Reflectieruimte:

(Jouw gedachten en reflecties komen hier)

CONTACT MAKEN MET DE WIJSHEID VAN JE LICHAAM

OEFENING: LICHAAMSBEWUSTZIJN

Doel: Stem af op de signalen van je lichaam.

INSTRUCTIES:

Dagelijkse oefening:

Besteed elke dag 5 minuten aan het oefenen van lichaamsbewustzijn. Kies een rustig moment, bijvoorbeeld 's ochtends of voor het slapen gaan.

Lichaamsscan:

Ga comfortabel zitten, sluit je ogen en scan langzaam je lichaam van top tot teen. Let op sensaties, spanning of ontspannen gebieden zonder oordeel.

Observatie en inzicht:

Merk op welke gebieden spanning of ongemak vasthouden. Wat kunnen deze sensaties je vertellen over je
emotionele of mentale toestand? Schrijf dagelijks je
observaties op en noteer patronen of veranderingen na
verloop van tijd.

De verbanden leggen:

Aan het einde van de week bekijk je je notities. Reflecteer op wat je lichaam je heeft verteld. Hoe verhouden
deze sensaties zich tot je emoties, gedachten of
ervaringen?

Reflectieruimte:

(Jouw gedachten en reflecties komen hier)

HET HELEN VAN DE KLOOF

OEFENING: DE ROAR®-TECHNIEK

Doel: Gebruik de Roar®-techniek om emotionele blokkades los te laten.

INSTRUCTIES:

Vind jouw ruimte:

Kies een privé, veilige plek waar je je onbelemmerd voelt—je slaapkamer, een rustige buitenruimte, of ergens waar je niet gestoord wordt.

Breng jezelf tot rust:

Sta rechtop en haal diep adem, waarbij je jezelf grondt

in het huidige moment. Voel je voeten stevig op de grond en je lichaam in balans.

De Roar:

Wanneer je er klaar voor bent, haal diep adem en laat een luid, krachtig "brul" los. Deze brul is jouw manier om frustratie, pijn of emotionele blokkades te uiten. Laat het volledig en zonder terughoudendheid los.

Bevestiging:

Adem na je brul diep in. Bevestig wat je wilt omarmen, zoals "Ik omarm mijn kracht" of "Ik verwelkom vrede in mijn leven."

Reflectie:

Schrijf op hoe deze oefening je liet voelen. Welke emoties kwamen naar boven tijdens de brul? Hoe veranderde de bevestiging je energie? Reflecteer op eventuele veranderingen in je mindset of emotionele toestand.

Herhaal indien nodig:

Je kunt deze oefening herhalen wanneer je emotionele spanning wilt loslaten.

Reflectieruimte:

(Jouw gedachten en reflecties komen hier)

5. DAGELIJKSE OEFENINGEN VOOR HERVERBINDING

Oefening: De vier E's en de vier C's

Doel: Voer dagelijkse oefeningen uit om weer in contact te komen met jezelf.

Instructies:

De vier E's:

Kies elke dag één van de vier E's om je op te richten:

- Omarmen: Accepteer en houd van jezelf zoals je bent.
- Onderzoeken: Reflecteer op je gedachten, gevoelens en gedrag.
- Belichamen: Leef je waarden en waarheid in je dagelijkse handelingen.
- Uitbreiden: Groei voorbij je huidige beperkingen en verken nieuwe mogelijkheden.

Toepassing:

Pas je gekozen E gedurende de dag bewust toe op je gedachten, handelingen en interacties. Let op hoe het je keuzes en je relatie met jezelf beïnvloedt.

Dagelijkse reflectie:

Schrijf aan het einde van elke dag je ervaringen op. Hoe heeft het focussen op deze E je dag beïnvloed? Welke inzichten of uitdagingen kwamen naar voren?

Einde van de week samenvatting:

Aan het einde van de week bekijk je je reflecties. Vat je inzichten samen en noteer veranderingen in perspectief of gedrag. Hoe heeft deze oefening je geholpen om weer in contact te komen met jezelf?

De vier C's (optioneel):

Als uitbreiding kun je de vier C's verkennen: helderheid, moed, toewijding en compassie. Integreer ze op een manier die natuurlijk aanvoelt en ondersteunend is voor je groei.

Reflectieruimte:

(Jouw gedachten en reflecties komen hier)

BEVRIEND WORDEN MET JEZELF

OEFENING: BRIEF VAN ZELFCOMPASSIE

Doel: Kweek een liefdevolle relatie met jezelf.

INSTRUCTIES:

De juiste sfeer creëren:

Zoek een rustige, comfortabele plek waar je ongestoord kunt schrijven. Steek een kaars aan, speel zachte muziek of creëer een voedende omgeving.

De brief schrijven:

Schrijf een brief aan jezelf alsof je een dierbare vriend aanspreekt die door een moeilijke tijd gaat. Bied bemoediging, begrip en compassie. Erken je uitdagingen en toon empathie voor je worstelingen.

Positieve affirmaties:

Voeg affirmaties toe in je brief. Herinner jezelf aan je sterke punten, eerdere prestaties en de vooruitgang die je hebt geboekt. Moedig jezelf aan om door te gaan, zelfs als de weg moeilijk is.

Hardop lezen:

Lees de brief hardop voor als je klaar bent. Let op hoe het voelt om deze liefdevolle woorden aan jezelf te richten.

De brief bewaren:

Leg de brief op een toegankelijke plek, zoals in een dagboek of op je nachtkastje. Lees hem opnieuw wanneer je een herinnering nodig hebt aan je veerkracht en eigenwaarde.

Follow-up:

Overweeg om periodiek nieuwe brieven te schrijven tijdens moeilijke tijden om een compassievolle relatie met jezelf te versterken.

Reflectieruimte:

(Jouw gedachten en reflecties komen hier)

HERENIGING EN HEELHEID

OEFENING: VISUALISATIE VOOR HEELHEID

Doel: Visualiseer je pad naar heelheid.

INSTRUCTIES:

Voorbereiding:

Zoek een rustige plek om comfortabel te zitten of liggen. Sluit je ogen en adem diep in om je lichaam en geest te ontspannen.

Geleide visualisatie:

1. Visualiseer een moment waarop je je heel en compleet voelde. Dit kan een specifiek moment zijn of een algemene periode in je leven.

2. Stel je de omgeving, de mensen en de emoties
   voor die met dat moment verbonden zijn.
   Focus op de details die ervoor zorgden dat je je
   verbonden en vervuld voelde.

3. Visualiseer nu je huidige leven doordrenkt met
   datzelfde gevoel van heelheid en
   verbondenheid. Stel je voor hoe je dagelijkse
   leven eruitziet wanneer je volledig in harmonie
   bent met jezelf.

4. Merk op welke emoties opkomen terwijl je
   deze staat van zijn visualiseert. Hoe voelt het
   om verbonden te zijn met jezelf en je doel?

De ervaring opschrijven:

Schrijf na je visualisatie de details van je ervaring op.
Hoe ziet heelheid er voor jou uit? Hoe kun je meer van
dit gevoel in je leven uitnodigen?

Actie stappen:

Identificeer concrete stappen om dichter bij dit gevoel
van heelheid te komen. Overweeg kleine veranderingen in je routine, veranderingen in je mindset of
diepgaand persoonlijk groeiproces.

Voortdurende oefening:

Herhaal deze visualisatie regelmatig om je verbinding

met heelheid te versterken en om je te begeleiden naar je ware zelf wanneer je je losgekoppeld voelt.

Reflectieruimte:

(Jouw gedachten en reflecties komen hier)

CONCLUSIE

Gefeliciteerd met het voltooien van het werkboek "Het lichaam van verandering"! Je hebt belangrijke stappen gezet om je verbinding met jezelf te verdiepen en de volledigheid van je wezen te omarmen. Vergeet niet dat deze reis voortduurt en dat elke stap die je zet, je dichter bij je authentieke zelf brengt.

Blijf deze oefeningen herhalen, integreer de inzichten die je hebt opgedaan en eer de vooruitgang die je hebt geboekt. Je bent het waard om de verandering die je zoekt te bereiken. Blijf moedig, met compassie en een open hart verdergaan.

BIO

Dr. Lisa Cooney, PhD, LMFT, is een vooraanstaand expert op het gebied van persoonlijke transformatie en traumaherstel, met een focus op zielentherapie, lifecoaching en spirituele transformatie. Als bedenker van de baanbrekende Live Your ROAR® heeft ze duizenden levens getransformeerd, mensen geholpen om kindermishandeling te overwinnen en een "Radically Orgasmically Alive Reality" (ROAR®) te bereiken. Het werk van Dr. Lisa is geworteld in haar "Ik wil het!… Hoe dan ook!"-filosofie en de principes van kiezen voor jezelf, toewijding aan groei, samenwerking met het universum en het creëren van het leven waarvan je droomt.